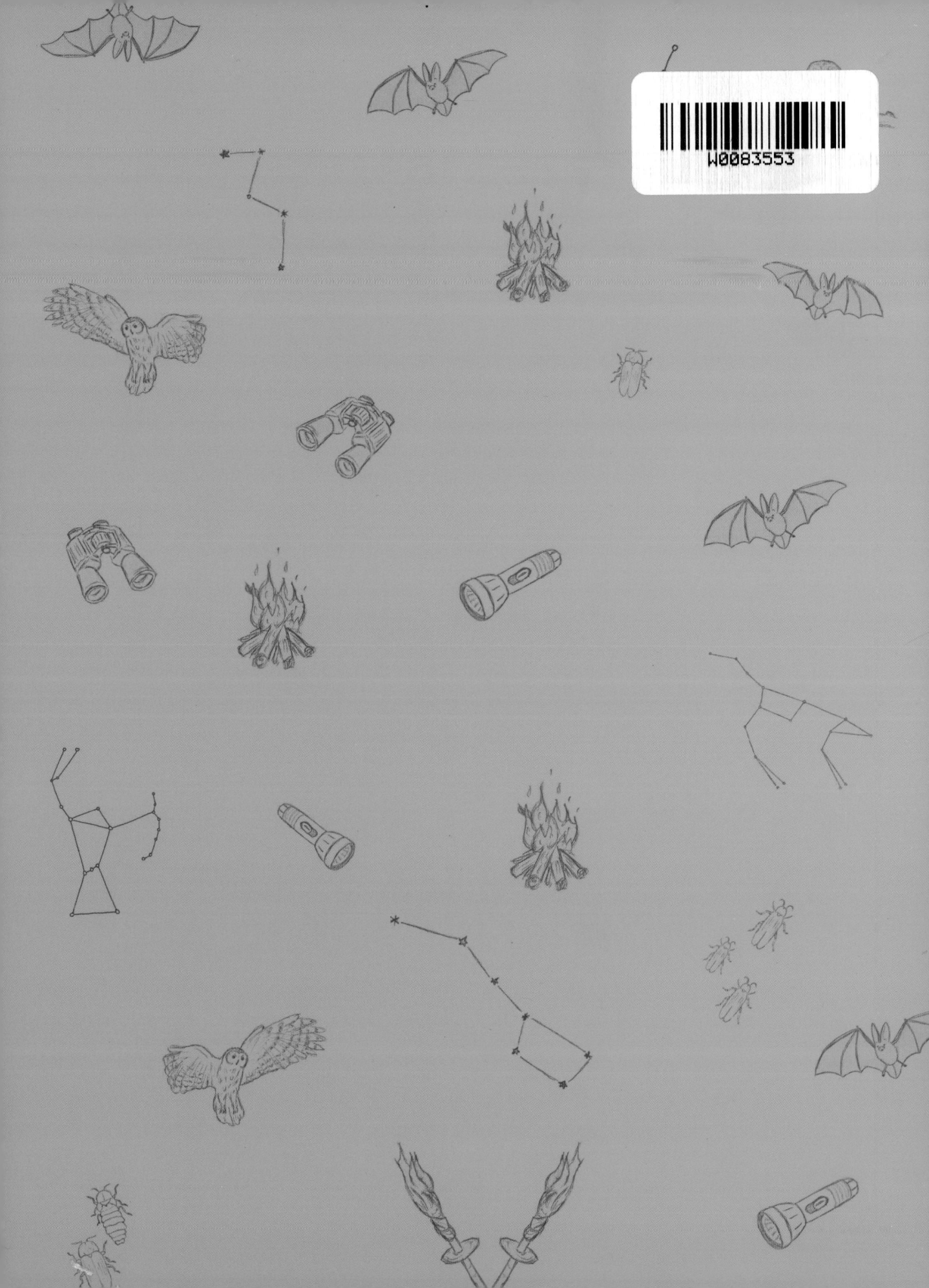

ABENTEUER
NATUR

Katharina Rotter

OUTDOOR-NÄCHTE

Von Fledermäusen, Grusel und Lagerfeuer

velber
kinderbuch

INHALT

SCHLÄFST DU ETWA SCHON?

Hallo, ich bin Kathi!

Ich bin total gerne nachts draußen!
Für mich als Tierfreundin ist es dann
besonders spannend, denn man
kann ganz andere Tiere beobachten
als am Tag.

Mein Lieblingstier: der Uhu! Er ist die
größte Eulenart; wenn er seine Flügel
ausbreitet und lautlos durch die Nacht
fliegt, ist er fast so groß wie eine Tür.

Und ich liebe den Mond! Als ich etwa
acht Jahre alt war, habe ich mein
Bett extra so an das Fenster gestellt, dass ich ihn nachts sehen konnte.
Im Mondschein spazieren zu gehen, finde ich super, alles ist so viel
stiller und geheimnisvoller als im Sonnenlicht. Wenn ich draußen schlafe,
mach ich das am liebsten in der Hängematte. Dann schau ich in den
schwarzen Himmel und denk mir meine eigenen Sternbilder aus.

Was gefällt dir am besten? Probier's aus! Raus aus den Federn und
rein ins Abenteuer Nacht!

Viel Spaß dabei wünscht dir deine Kathi!

WIR SCHLAFEN NOCH LANGE NICHT!

Viel lieber erleben wir spannende Abenteuer!

Felix, 12 Jahre: Mir macht das Schmuggelspiel total viel Spaß. Aber am liebsten beobachte ich Tiere.

Katharina, 12 Jahre: Ich backe gerne Stockbrot am Lagerfeuer. Außerdem fotografiere ich gerne.

Merle, 10 Jahre: Am liebsten schlafe ich draußen im Planschbecken. Das ist schön kuschelig und gar nicht so gruselig.

Daniel, 13 Jahre: Ich beobachte gerne Tiere. Und richtig viel Spaß macht eine Fackelwanderung mit selbst gebauten Fackeln.

Christian, 10 Jahre: Nachts im Wald die Tiere beobachten — das macht mir am meisten Spaß.

Lotta, 10 Jahre: Ich baue gerne selber Fackeln. Die knistern so schön, wenn man damit wandern geht.

Jaan, 9 Jahre: Ich mag es, mit Freunden Gruselgeschichten zu erzählen. Da bekomme ich immer eine Gänsehaut. Am meisten Spaß macht das am Lagerfeuer!

TIPPS & REGELN FÜR NACHTABENTEURER

Damit deine Abenteuer in der Dunkelheit besonders viel Spaß machen, hier zuallererst ein paar Tipps und wichtige Regeln:

Im Dunkeln sieht selbst die vertrauteste Umgebung ganz anders aus, als du es gewohnt bist. Du erkennst keine Farben, viele Dinge sehen aus wie große, schwarze Schatten. Du kannst auch nicht so weit in die Ferne schauen wie am Tag. Wenn du eine Nachtaktion planst, ist es daher wichtig, das Gelände genau zu kennen. Präge dir schon am Tag Besonderheiten in der Umgebung ein. Das können zum Beispiel Bäume, Bänke oder Wegabzweigungen sein.

Allgemeine Regeln in der Natur

- Verhalte dich möglichst ruhig. Krach schreckt die Tiere auf, die dort leben.
- Nimm deinen Müll wieder mit! Schmeiß ihn unterwegs in den nächsten Mülleimer oder lass ihn im Rucksack, bis du zu Hause bist.
- Reiß keine lebenden Blätter und Äste ab, wenn es nicht notwendig ist.
- Willst du ein Lager aufschlagen oder ein Zelt aufbauen, frage den Besitzer des Grundstücks um Erlaubnis.

- Wenn du Insekten oder andere kleine Tiere in einer Becherlupe beobachtest, lass sie dort wieder frei, wo du sie eingefangen hast.

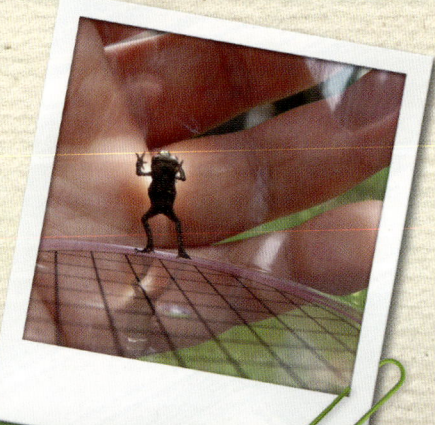

Der sichere Umgang mit Feuer

Ein Feuer ist faszinierend und mit einem Lagerfeuer oder einer brennenden Fackel wird ein Abend draußen in der Natur erst richtig abenteuerlich. Außerdem spendet es in kühlen Nächten Wärme und Behaglichkeit. Feuer ist aber auch sehr gefährlich, darum halte dich immer an diese Regeln:

- Mach nie Feuer ohne einen Erwachsenen!
- Bevor du ein Feuer anzündest, besorge ausreichend Löschmaterial (Wasser oder Sand).
- Es ist sicherer, das Feuer in eurem Garten (oder auf der Terrasse) in einer Feuerschale anzuzünden als in der freien Natur. Ob du in eurer Wohnsiedlung ein Gartenfeuer entfachen darfst, erfährst du bei der Gemeinde. Hast du keine Möglichkeit, zu Hause ein Feuer zu machen, suche einen öffentlichen Grillplatz. Viele Städte haben solche Plätze eingerichtet.

- Die Feuerstelle muss möglichst windgeschützt liegen. Bei starkem Wind können die Flammen auf andere Gegenstände übergreifen.
- Achte bei der Auswahl der Feuerstelle darauf, dass sie weit genug von Büschen und Bäumen entfernt ist. So vermeidest du ein Übergreifen der Flammen.
- Bei großer Trockenheit und Waldbrandgefahr verzichte auf ein Feuer. Sogar die Büsche im Garten können durch Funkenflug Feuer fangen.
- Überlege und recherchiere, welche Materialien gut brennen. Wolle fängt zum Beispiel sehr viel langsamer Feuer als ein Fleeceshirt. Deswegen ziehst du besser einen dicken Wollpullover an, wenn du am Feuer sitzt.
- Lass ein Feuer niemals unbeaufsichtigt! Lösche es, bevor du dich von der Feuerstelle entfernst. Auch Glut muss gelöscht werden.

Sicherheit geht vor!

Deine Eltern müssen immer wissen, wo du dich aufhältst! WIRKLICH IMMER! Bei Ausflügen ist es wichtig, dass mindestens ein Erwachsener dabei ist. Auch Feuer darfst du nur unter Aufsicht eines Erwachsenen machen. Bitte deine Eltern oder Betreuer, sich für Notfälle im Hintergrund aufzuhalten. Manchmal ist es sogar praktisch, erwachsene Helfer dabeizuhaben: Bei einer gruseligen Nachtwanderung oder einer Schnitzeljagd können sie zum Beispiel prima Aufgaben an Stationen übernehmen.

AUSRÜSTUNG FÜR NACHTWANDERER

Es gibt einige nützliche Dinge, die du bei deinen nächtlichen Abenteuern immer dabeihaben solltest!

Licht

- Eine normale **Taschenlampe** hast du sicherlich zu Hause. Vergiss die Ersatzbatterien nicht! Solar- und Dynamotaschenlampen legst du am Tag in die Sonne, dadurch wird der Akku aufgeladen. Und falls das Licht doch mal schwach wird, kannst du den Dynamo ankurbeln. So musst du dich nicht um Ersatzbatterien kümmern.
- Wenn du keine Hand frei hast, ist eine **Stirnlampe** nützlich. Pass aber auf, dass du niemandem direkt in die Augen leuchtest. Wenn du mit einer Stirnlampe unterwegs bist, siehst du manchmal zwei leuchtende Punkte im Gebüsch. Dann steht dort vielleicht ein Reh oder ein Fuchs und schaut in deine Richtung. Weil das Licht in die Richtung reflektiert wird, aus der es kommt, siehst du mit der Stirnlampe die Augen von anderen Lebewesen besonders gut. Sogar die kleinen Augen von Nachtfaltern fallen einem plötzlich auf! Mit einer Taschenlampe, die du auf Hüfthöhe hältst, funktioniert das nicht.
- **Feuer** macht ein ganz besonderes Licht, und in Form einer Fackel kannst du es sogar tragen! Wie du selber Fackeln bauen kannst, erfährst du auf Seite 52.

TIPPs

- Wenn du rotes Transparentpapier an der Taschenlampe befestigst, wirst du nicht so stark geblendet. Auch Tiere werden von rotem Licht weniger beunruhigt.
- Binde deine Stirnlampe um einen weißen Wasserkanister, und zwar mit dem Lichtstrahl nach innen. So kannst du mehr von der Umgebung erhellen. Den Kanister kannst du an einen Baum hängen. Auch im Zelt ist diese selbst gebaute Lampe sehr praktisch.

Weitere praktische Ausrüstungsgegenstände

- **Warme Jacke** – selbst im Sommer sind die Nächte häufig recht kalt.
- **Sitzkissen** – das schützt vor Kälte und Feuchtigkeit, wenn du dich unterwegs hinsetzen willst.
- **Sicherheitsweste und Reflektoren** – falls du an Straßen entlanggehst, erkennen dich damit die Autofahrer besser.
- **Lupe** – damit kannst du kleine Tiere wie Schnecken, Spinnen oder Käfer genauer betrachten.
- **Fernglas** – morgens oder abends in der Dämmerung kannst du damit Tiere beobachten. In der dunklen Nacht siehst du damit aber leider nichts.
- **Kamera** – wenn du deine Erlebnisse, besondere Pflanzen und Tiere auf Bildern festhalten willst.
- **Notizbuch und Stift** – so kannst du alle wichtigen Entdeckungen notieren. Auf Seite 16 findest du eine Anleitung für ein Nachtforscherbuch.

- **Bestimmungsbuch** – darin kannst du unbekannte Tiere und Pflanzen nachschlagen und mehr über ihre Art und ihren Lebensraum erfahren.
- **Tarp** – das ist eine große Plane mit Ösen, aus der eine Art Zelt gebaut werden kann. Sehr praktisch, wenn du ein Beobachtungslager errichten willst (Seite 19)!
- **Verpflegung** – falls du mehrere Stunden unterwegs bist, nimm dir etwas zu essen und zu trinken mit. In kalten Nächten tut heißer Tee oder Kakao gut. Willst du Tiere beobachten, sollte die Verpflegung keine Geräusche machen, also verzichte auf raschelnde Verpackungen und knusprige Lebensmittel.
- **Rucksack** – damit du alles verstauen kannst. Der Rucksack sollte bequem sitzen und nicht drücken, das ist besonders bei längeren Touren wichtig.

NACHTFORSCHERBUCH

In einem Nachtforscherbuch kannst du deine nächtlichen Tierbeobachtungen und Naturerlebnisse festhalten. Ein Schulheft mit weißen Seiten in der Größe DIN A5 ist dafür gut geeignet. Gestalte die Vorderseite ganz nach deinem Geschmack: Beklebe es zum Beispiel mit buntem Papier und gemusterten Klebebändern. Schreib deinen Namen drauf. Natürlich kannst du dir auch einen Titel dafür überlegen.

Total praktisch: Die Stiftschlaufe

Daran kannst du einen Stift befestigen und musst nie mehr im Rucksack nach ihm wühlen.

Du brauchst
- 5 cm Gummilitze
- Rest Tonpapier
- Tacker, Schere, Alleskleber

1 Falte das Stück Gummilitze in der Mitte zusammen. Probier aus, wie stramm die Schlaufe sein muss, damit der Stift nicht von alleine herausflutschen kann. Hast du die richtige Größe für die Schlaufe, mach genau an der Stelle eine Tackernadel fest. Schneide die überstehenden Enden der Gummilitze ab.

2 Klebe die Schlaufe nun von innen auf die hintere Umschlagseite deines Forscherbuchs. Lege über den angeklebten Teil der Schlaufe ein Stück Tonpapier. Drück es gut an. Am besten beschwerst du die Stelle über Nacht mit einem dicken Buch, dann ist die Schlaufe später wirklich fest! Und schon kannst du den Stift an dein Forscherbuch klemmen.

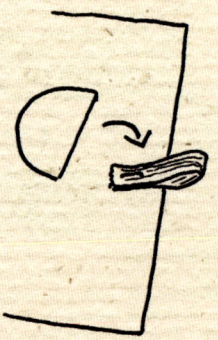

Felix klebt innen auf die Vorderseite einen Briefumschlag. Darin kann er Fundstücke und lose Zettel sammeln, bevor er sie einklebt.

Schreib in deinem Forscherbuch auf, welche Tiere du siehst, und notiere, welche Plätze besonders gut zur Beobachtung geeignet sind. Mach dir Notizen zu Sternbildern und Mondphasen. Auch Fotos und Fundstücke kannst du hineinkleben.

Die Beobachtungsuhr

Mit dieser Übersicht kannst du Tierbeobachtungen später besonders gut miteinander vergleichen. Wann siehst du die Rehe im Sommer, zu welcher Zeit sind sie im Herbst aktiv? Quaken die Frösche zu jeder Jahreszeit in den Teichen?

Zeichne für deine Beobachtungsuhr einen Kreis in dein Nachtforscherbuch und teile ihn mit einem Bleistift in 12 gleich große Abschnitte. Felix' Beobachtungsuhr fängt abends um 20 Uhr an und hört morgens um 8 Uhr auf. Beginnt deine Beobachtungszeit um 21 Uhr oder hört sie erst um 9 Uhr auf, markierst du das einfach auf dem Ziffernblatt.

Nun kannst du stundenweise eintragen, welche Tiere du gesehen oder gehört hast. Notiere außerdem auf der Seite das Datum und den Beobachtungsstandort. Lege dir für jede Beobachtungsaktion eine neue Seite im Forscherbuch an.

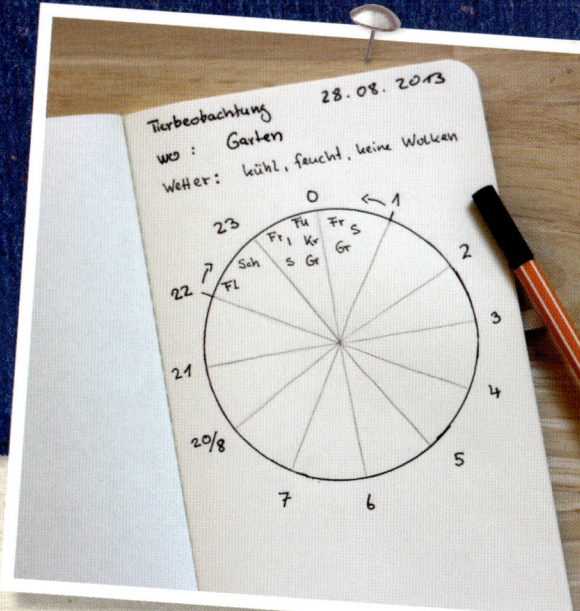

Felix denkt sich für jedes Tier einen Code aus und schreibt diesen auf eine Extraseite im Nachtforscherbuch. Zum Beispiel R für Reh, RB für Rehbock, K für Käuzchen, U für Uhu, W für Wildschwein und so weiter. In die Beobachtungsuhr trägt er dann später immer den Code als Abkürzung ein, das spart Platz in der Übersicht.

TIERE IN DER DÄMMERUNG:
DER BEOBACHTUNGSPOSTEN

Wenn am Abend die Sonne untergeht und wir Menschen zu gähnen anfangen, werden manche Tiere erst so richtig munter. Die Zeit während des Sonnenuntergangs eignet sich sehr gut für Tierbeobachtungen. Du erlebst nun, wie sich deine Umwelt verändert und die Tiere sich anders verhalten, je weniger Sonnenlicht auf die Erde strahlt. Für so ein spannendes Erlebnis lohnt es sich, das kuschelige Bett gegen einen versteckten Beobachtungsposten am Waldrand zu tauschen.

CHRISTIAN UND FELIX ERSPÄHEN IN DER FERNE EIN WILDSCHWEIN

Um wild lebende Tiere beobachten zu können, brauchst du vor allem eins: Geduld! Außerdem ist es hilfreich, schon vorher zu wissen, wann sich die Tiere wo aufhalten werden. Das heißt, du kundschaftest zunächst aus, wo die Tiere in der Dämmerung unterwegs sind. Bis du ihnen auf die Spur gekommen bist, kann es einige Abende dauern. Sei nicht enttäuscht, wenn du mal keine Tiere siehst!

Du wirst bald feststellen, dass viele Tiere bestimmte Plätze immer zur gleichen Zeit aufsuchen. Errichte dort dein Beobachtungslager. Vielleicht hast du Glück und es gibt dort einen Hochsitz oder eine Ansitzleiter. Von dort beobachten sonst Förster und Jäger die Tiere. Wenn du solch einen Beobachtungsposten nutzen möchtest, finde heraus, wem er gehört, und frag um Erlaubnis.

Ansitzleiter

Hochsitz

JETZT BIST DU DRAN!

Das Tarp – dein Beobachtungslager

Mit einem Tarp kannst du dir ein bequemes und gut geschütztes Lager errichten. Dafür brauchst du einen Freund, der dir beim Aufbau hilft, und:

• 1 Tarp
• 2 Tarpstangen
• 2 Abspannseile
• 6 bis 8 Heringe

Richte das Tarp so aus, dass du später beim Herausschauen die Plätze überblicken kannst, an denen du die Tiere vermutest. Stülpe zwei mittig gegenüberliegende Ösen jeweils über eine Tarpstange. Befestige an den Stangen auch jeweils eine Abspannleine. Das Tarp sollte nicht durchhängen. Hast du die richtige Spannung zwischen den Stangen, ziehe die Abspannleinen stramm zum Boden und befestige sie dort mit je einem Hering. Nun kannst du die vier Ecken des Tarps spannen. Ziehe sie straff und schlag Heringe durch die Ösen in den Boden. Jetzt fehlt nur noch deine Ausrüstung: Lege den Boden mit Isomatten aus. Vergiss auch deinen Schlafsack oder eine warme Decke nicht.

WAS KANNST DU BEOBACHTEN?

Welche Tiere du siehst, liegt natürlich ganz daran,
wo du deinen Beobachtungsposten aufbaust.

Im Garten findest du vielleicht einen **Igel**, der sich auf Futtersuche begibt. Auch wenn du ihn nicht gleich siehst, kannst du ihn möglicherweise aber hören. Schmatzend verspeist er Schnecken und Würmer. Rivalen vertreibt er mit lautem Schnaufen und Fauchen. Igel teilen ihr Revier nicht gerne, sie sind Einzelgänger. Wenn du den Igeln etwas Gutes tun willst, dann baue ihnen ein Winterquartier in deinem Garten! Errichte dafür an Büschen und Hecken große Haufen aus Laub, Reisig und Ästen. Dort können sie ihren Winterschlaf halten.

IGEL

Füchse kommen häufiger vor, als du vielleicht vermutest. Sie leben eigentlich in unterirdischen Bauten in Wäldern, an Wiesen und Feldern. Allerdings stehen heute die Chancen gar nicht schlecht, sie sogar nahe der Stadt zu beobachten. Essensreste von uns Menschen und passende Versteckmöglichkeiten bieten den schlauen Tieren auch dort einen sehr guten Lebensraum. In der Dämmerung verlassen sie ihr Versteck, um auf die Jagd zu gehen. Sie zu beobachten ist aber gar nicht so leicht: Füchse sind vorsichtig und sehr scheu.

ROTFUCHS

In ländlichen Gebieten wirst du sicherlich auf **Rehe** treffen. Das Reh ist die häufigste und die kleinste Hirschart Europas. Es lebt gerne in Wäldern, in denen es viele Sträucher gibt und die von Wiesen und Feldern umgeben sind. Damwild ist eine größere Hirschart. Du erkennst sie an ihrem eindrucksvollen Schaufelgeweih. Rehe und Damhirsche sind von Natur aus eigentlich nicht dämmerungsaktiv, doch durch den Einfluss der Menschen haben sie ihr natürliches Verhalten verändert. So ist es für sie sicherer, die Tage im geschützten Wald zu verbringen. Erst in der Dämmerung, wenn es auf den Straßen ruhiger wird, kommen sie aus dem Dickicht. Um Rehe und Damhirsche beobachten zu können, musst du sehr leise sein. Mit ihren großen Ohren, die Lauscher genannt werden, können sie dich schon von Weitem hören und ergreifen schleunigst die Flucht.

Rehe sind scheu und flüchten, sobald sie sich gestört fühlen.

Das **Wildschwein** ist der Vorfahr unseres Hausschweins. Es ist sehr anpassungsfähig und fast auf der ganzen Welt beheimatet. Es lebt gerne in Wäldern. Dort kann es im Boden nach Nahrung wühlen: Hauptsächlich frisst es Pilze, Wurzeln, Schnecken, Eicheln und Bucheckern. Es ernährt sich aber auch von Mäusen oder Aas. Auch Abfälle der Menschen sind ein willkommenes Futter — ein Grund, warum es heute auch in Städten und Wohngebieten immer häufiger Wildschweine zu sehen gibt. Es ist nicht ganz ungefährlich, Wildschweine zu beobachten, da sie sehr groß und kräftig sind. Besonders eine Bache mit Frischlingen — also eine Muttersau mit ihren Jungen — kann gefährlich werden, wenn man ihr zu nahe kommt. Halte also lieber Abstand!

FRISCHLINGE

Probier's mal selbst aus! Forme wie Felix mit der Hand eine Muschel und lege sie hinter ein Ohr. Diese Muschel leitet nun die Geräusche zum Ohr, genau wie die Lauscher des Rehs. Hörst du einen Unterschied? Auch der Fuchs hat große Ohren und kann darum besonders gut hören. Fallen dir noch mehr Tiere mit besonders großen und aufgestellten Ohren ein?

Alle Hirscharten haben große Lauscher.

Diese Art zu lauschen kannst du gut bei diesem Spiel einsetzen:

SPIEL

Förster, zähl deine Rehe

Sucht euch für dieses Spiel eine Lichtung im Wald. Der Förster hat die Aufgabe, im dunklen Wald seine Rehe zu zählen. Er bekommt eine Taschenlampe und darf sich auf der Lichtung frei bewegen. Die anderen Mitspieler, also die Rehe, müssen in die Mitte der Lichtung schleichen, ohne dass der Förster sie sieht oder hört. Sobald der Förster ein Reh hört, richtet er den Schein der Taschenlampe in diese Richtung. Erwischt er mit dem Lichtstrahl ein Reh, so nennt er dessen Namen. Dieses Reh setzt sich dann an den Rand der Lichtung. Die Runde ist zu Ende, wenn alle Rehe auf der Lichtung versammelt sind. Wie viele Rehe haben es geschafft, unentdeckt die Mitte der Lichtung zu erreichen? Und wie viele Rehe hat der Förster gezählt?

TIPPS

- Der Förster darf die Taschenlampe nur anknipsen, wenn er ein Reh gehört oder gesehen hat. Ansonsten bewegt auch er sich in völliger Dunkelheit.

- Die Rehe dürfen sich natürlich hinter Büschen und Bäumen verstecken.

- Am besten trägst du bei diesem Spiel dunkle Kleidung, die nicht raschelt!

DIE NACHTKERZE

Halte bei deinen Streifzügen durch die Natur unbedingt Ausschau nach der Nachtkerze! Am Tag ist diese Blume recht gewöhnlich und unscheinbar: eine hochgewachsene Pflanze mit etwas schlaffen, gelben Blüten. Doch jeden Abend, wenn die Sonne untergeht, hat die Nachtkerze ihren beeindruckenden Auftritt – im Dämmerlicht öffnen sich plötzlich die ersten Blüten. Sie entfalten sich innerhalb von einigen Sekunden zu ihrer ganzen Pracht. Wenn du ganz leise bist, hörst du sogar das Knistern der Blütenblätter!

Die **Nachtkerze** liebt magere, sandige Böden. Sie wächst zum Beispiel auf alten Fabrikgeländen, an Bahndämmen oder in Steinbrüchen. Dort blüht sie von Juni bis August. Früher wurde die Nachtkerze als Gemüsepflanze angebaut, deren Wurzeln gegessen wurden. Heute wird sie für Kosmetikprodukte verwendet. Aus dem Öl der Samen, dem Nachtkerzenöl, werden zum Beispiel Hautcremes hergestellt. In den meisten Gärten gilt die Nachtkerze allerdings als Unkraut. Dabei liefert sie besonders den Nachtfaltern wichtigen Nektar aus ihren stark duftenden Blüten. In einem Naturgarten darf sie auf keinen Fall fehlen!

NACHTKERZENBLÜTEN DUFTEN GANZ STARK

Versuch mal, das Erblühen einer Blüte mit der Digitalkamera zu fotografieren. Damit du jedes Bild mit der gleichen Ansicht machen kannst, brauchst du ein Stativ. Falls du kein Stativ hast, nutze einen Tisch, auf den du vielleicht noch ein paar dicke Bücher stapelst. Die Kamera sollte auf jeden Fall sicher stehen und beim Auslösen nicht verschoben werden. Stell die „Nahaufnahmefunktion" deiner Kamera ein, meistens ist diese Funktion mit einer kleinen Blume gekennzeichnet. Den Blitz stellst du am besten aus, dann sehen die Fotos natürlicher aus. Stell die Kamera nah an die Pflanze heran. Vielleicht zoomst du die Blüte noch etwas näher heran, sie sollte möglichst groß in der Mitte des Bildes zu sehen sein. Mach als Erstes ein Foto von der geschlossenen Knospe. Beobachte die Pflanze genau und mach nach jeder Veränderung der Knospe ein weiteres Foto. Sobald die Knospe aufgeplatzt ist und sich die Blüte schnell entwickelt, schieße alle paar Sekunden ein Foto. So hast du eine tolle Reihenaufnahme der Nachtkerze, die du deiner Familie oder Freunden zeigen kannst.

Hier siehst du, wie sich eine Blüte öffnet!

Bastel ein Nachtkerzen-Daumenkino

Aus den vielen Fotos kannst du ein tolles Daumenkino basteln. Dafür druckst du immer neun Fotos mit Rand (das kann man in den Einstellungen des Druckers auswählen) auf ein mattes DIN-A4-Fotopapier. Schneide die Fotos genau am Rand aus, lass nur am linken Bildrand einen etwa 1 cm breiten weißen Streifen stehen. Lege nun die Bilder in der richtigen Reihenfolge aufeinander und hefte sie links mit zwei Vielzweckklammern fest. Schon kannst du dir das Erblühen der Nachtkerze immer wieder mit dem Daumenkino ansehen.

EIN LAGERFEUER MACHEN

Mit den besten Freunden am Lagerfeuer zu sitzen, während sich am Himmel die ersten Sterne zeigen – es gibt fast nichts Schöneres am Ende eines aufregenden Tages. Noch gemütlicher wird es, wenn dabei Stockbrote gebacken und Marshmallows geröstet werden.

In der Steinzeit war Feuer sehr kostbar. Feuerstellen wurden bewacht, damit sie nicht erloschen. Es wurde darauf geachtet, dass immer ein wenig Glut übrig blieb, da das Feuermachen mit Feuersteinen sehr mühsam war. Beim Steinzeitmenschen „Ötzi", dessen Mumie 1991 in den Südtiroler Alpen gefunden wurde, haben Archäologen sogar einen Glutbehälter gefunden. Darin trug er bei seiner Wanderung über die Alpen vor über 5.000 Jahren ein Stückchen Glut bei sich, um stets ein Feuer anzünden zu können. Außerdem hatte er ein Gefäß mit Zunder dabei. Begehrt war der sogenannte „Zunderschwamm", ein Baumpilz, der häufig an Birken zu finden ist. Vielleicht hast du ja Glück und findest einen Zunderschwamm! Gut durchgetrocknet und in kleine Stückchen geschnitten kannst du ihn zum Feuermachen verwenden, genau wie „Ötzi" damals!

Beachte die Sicherheitsregeln im Umgang mit Feuer auf Seite 13!

Wenn du eine Feuerschale benutzt, wird der Boden nicht beschädigt und das Feuer ist besser unter Kontrolle!

Die Vorbereitungen

- Zuerst benötigst du trockenes Holz: dicke und dünne Äste sowie dünne Zweige. Hölzer von unterschiedlichen Bäumen brennen unterschiedlich gut. Manche brennen schnell und eignen sich gut zum Anzünden, wie zum Beispiel Fichte, Kiefer oder Weide. Andere brennen länger anhaltend und liefern gute Glut zum Grillen, dazu gehören Buche, Eiche, Esche oder Ahorn. Probier einfach selbst aus, welche Holzarten wie brennen.
- Außer Brennholz brauchst du noch Zunder. Das ist schnell brennbares Material, mit dem das Feuer angezündet wird. Hierfür eignen sich beispielsweise Birkenrinde, feine Gräser, Kiefernnadeln, Schilfblüten, flauschige Baumsamen von Weiden oder Pappeln. In einzelne Lagen geteilte und zerknüllte Taschentücher oder ein paar Wattebäusche funktionieren auch – Hauptsache, der Zunder ist ganz trocken!
- Richte nun eine Feuerstelle her. Such dafür eine freie Stelle weit entfernt von Bäumen und Sträuchern. Der Boden sollte frei von trockenen Gräsern sein. Lege dort einen Kreis aus Steinen, etwas größer, als das Feuer werden soll.
- Stell einen großen Eimer Wasser bereit, mit dem du im Notfall die Flammen löschen kannst.

JETZT BIST DU DRAN!

Anzünden

1 Leg in die Mitte des Steinkreises deinen Zunder. Besonders gut funktioniert es, wenn du aus getrockneten Gräsern eine Art Nest wickelst, in das du dann weiteren Zunder locker hineinlegst.

2 Um den Zunder stellst du feine Ästchen wie ein Tipi zusammen. Darüber legst du in gleicher Weise die nächstgrößeren, dickeren Zweige, dann dickere Äste. Lass dabei eine Öffnung, durch die du den Zunder anzünden kannst.

3 Entfache nun dein Lagerfeuer. Dafür zündest du den Zunder an mehreren Stellen mit Streichhölzern an. Der Zunder brennt sehr schnell. Bald greifen die Flammen auf die feinen Zweige über, und brennen diese, zünden sich daran die dickeren Äste an.

4 Kommt das Feuer nur schwer in Gang, kannst du nachhelfen, indem du mit einer festen Pappe etwas Luft hineinfächerst.

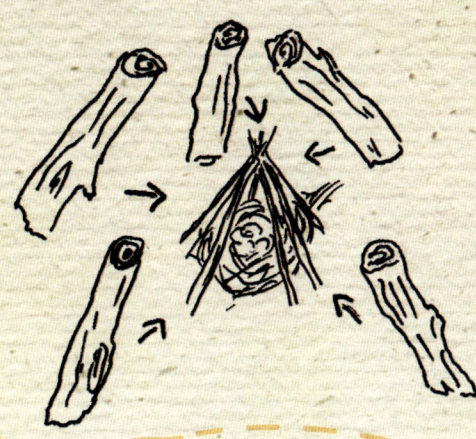

Feuermachen ist gar nicht so einfach und es gehört viel Erfahrung dazu, ein gutes Lagerfeuer in Gang zu bekommen. Lass dich also nicht entmutigen, wenn es am Anfang nicht gleich gelingt. Probier es einfach noch mal! So lernst du auch am besten, welche Hölzer geeignet sind, welcher Zunder besonders gut brennt und wie du das perfekte Feuer aufschichtest!

REZEPT FÜR STOCKBROT

Du brauchst:
- 250 ml lauwarmes Wasser
- 1 Würfel Hefe
- 1 TL Zucker
- 500 g Mehl
- 2 TL Salz
- 2 EL Öl

1 Löse die Hefe mit dem Zucker im Wasser auf. Gib Mehl, Salz und Öl hinzu und knete alle Zutaten zu einem festen Teig, der nicht mehr an den Händen klebt. Ist der Teig noch zu klebrig, gib etwas mehr Mehl hinzu. Lass den Teig zugedeckt an einem warmen Ort etwa 30 Minuten gehen. Knete ihn noch mal gut durch.

2 Forme nun aus einem Teigstück eine lange „Wurst" und wickle sie fest um das Ende eines Stocks. Drück den Teig gut an und halte dein Stockbrot über die heiße Glut des Lagerfeuers. Drehe es dabei regelmäßig, damit das Brot gleichmäßig bräunt. Klingt es hohl, wenn du daraufklopfst, und lässt es sich leicht vom Stock ziehen? Dann ist das Brot gar. Aber Vorsicht, verbrenn dir nicht die Finger!

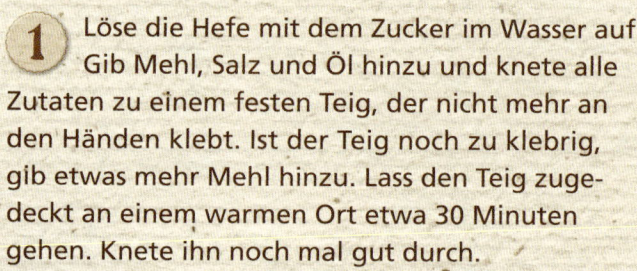

Welcher Stock?

Für das Stockbrot eignen sich besonders gut die langen, geraden Äste der Weide oder der Haselnuss. Entferne mit dem Taschenmesser vorsichtig die Rinde von einem Ende des Stocks. Bewege die Klinge dabei immer von dir weg, damit du dich nicht schneidest!

Merle liebt süßes Stockbrot! Sie gibt nur eine Prise Salz in den Teig, dafür aber etwas mehr Zucker. Mmmmh!
Christian mag es gerne deftiger, er mischt je eine Handvoll Röstzwiebeln und Schinkenwürfel unter den Teig. Lecker!

RATE MAL!

Wenn du genug Stockbrot gegessen hast, lass das Ende des Stocks noch eine Weile in der Glut liegen. Sobald der Stock selber glüht, kannst du mit deinen Freunden ein tolles Ratespiel spielen: Schreibe mit dem glühenden Ende Zeichen, Zahlen, Buchstaben oder ganze Wörter in die dunkle Nacht. Lass deine Freunde raten – wer richtig liegt, darf als Nächstes mit dem Glutstock schreiben.

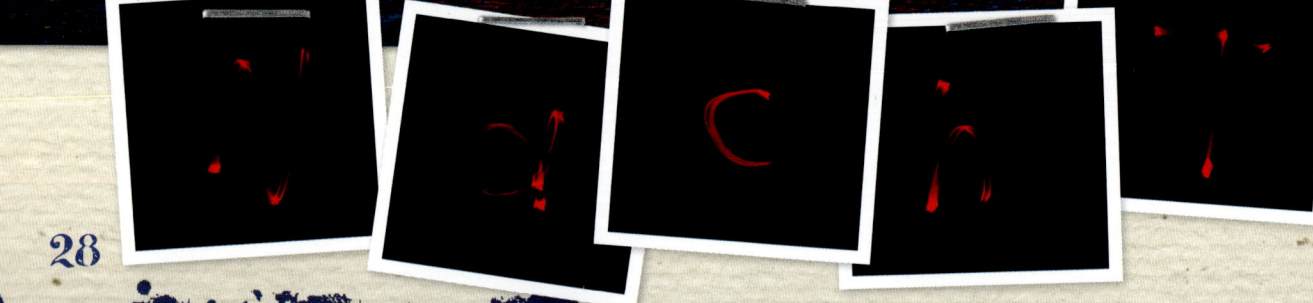

GRUSEL DICH!

Das Gruselgeschichten-Erzählspiel

Das macht Spaß: Mit den besten Freunden am Lagerfeuer sitzen und Gruselgeschichten erfinden, sich gemeinsam gruseln oder über verrückte Poltergeister lachen! Bei diesem Spiel kann sich jeder einen spannenden Teil der Geschichte ausdenken.

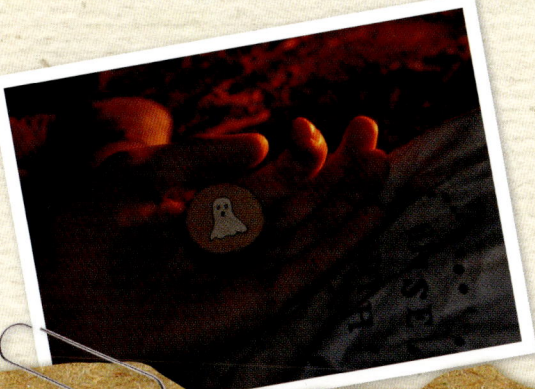

Du brauchst:
- trockene Astscheiben mit einem Durchmesser von etwa 3 cm
- Buntstifte, dünne Filzstifte
- Baumwollsäckchen (zum Beispiel Murmelbeutel)

Male oder schreibe Begriffe auf die Astscheiben, die du dir gut in einer Gruselgeschichte vorstellen kannst. Hier ist eine Liste für dich, bestimmt fallen dir selber auch noch spannende Wörter ein. Je nach Anzahl der Spieler sollte jeder mindestens einen Begriff ziehen können. Aber es gilt: Je mehr Wörter, umso mehr Spaß! Also fertige am besten ein ganzes Säckchen voll Astscheiben an. Natürlich kannst du auch Verben und Adjektive auf die Astscheiben schreiben, die zu einer Gruselgeschichte passen können (schleichen, klopfen, kreischen, kalt, einsam, dunkel ...).

Eule · Gespenst · Uhr · Katze · Werwolf · Blut · Burg · Dracula · Wald · Ruine · Nacht · Friedhof · Mond · Spinne · Fackel · Vampir · Grabstein · Tor · Fledermaus · Kirchturm · Schatten

SPIEL

So wird gespielt:

Der Mitspieler, der sich besonders überzeugend gruseln kann, darf anfangen. Er zieht blind eine Astscheibe aus dem Beutel. Nun beginnt er, eine Geschichte zu erzählen, in der der gezogene Begriff eine Rolle spielt: „Eines Nachts hörte Jonas ein Kratzen an seinem Fenster. Er dachte, es wäre seine Katze Miri, also stand er auf, um sie hereinzulassen. Doch als er das Fenster öffnete, war Miri nicht da." Nach ein paar Sätzen gibt er den Beutel an den nächsten Mitspieler weiter. Dieser zieht auch eine Astscheibe und setzt die Geschichte fort – natürlich mit dem gerade gezogenen Gruselwort: „Das Kratzen war nun aber deutlicher zu vernehmen. Es kam vom Schuppen, das hörte er ganz genau. Jonas schaute angestrengt in die Dunkelheit. Und da, hinter der Regentonne, sah er ein kleines Gespenst." So entsteht nach und nach eine spannende und vielleicht auch lustige Gruselgeschichte. Erzählt, bis jeder einmal an der Reihe war. Oder zweimal. Oder bis das Säckchen leer ist.

DIE GRUSELGESCHICHTE AM LAGERFEUER

Manchmal ist die Stimmung am Lagerfeuer genau richtig, um eine schaurige Geschichte zu erzählen, bei der es einem kalt den Rücken herunterläuft. Wichtig ist, dass du die Geschichte nicht abliest, sondern frei erzählst. Das schafft eine noch gruseligere Atmosphäre. Probier's aus!

HOFFENTLICH SPUKT ES HIER NICHT WIRKLICH

Die Legende vom spukenden Bauern

Vor etwa 500 Jahren stand gar nicht weit von hier ein kleines Haus. Es gehörte einem armen Bauern und seiner Frau. Fast alles, was sie anbauten, mussten sie dem Grafen überlassen, der sich in seiner Burg dick und rund fraß. Die armen Bauern kamen fast um vor Hunger. Als sie einen Sohn bekamen, wickelten sie ihn in ein Wolltuch und legten ihn in ein Weidenkörbchen. Der Bauer brachte das Bündel tief in den Wald und legte es am Fuß einer großen Eiche ab. Er überließ das Kind lieber seinem Schicksal im wilden Wald, als es zu Hause elend verhungern zu sehen. Doch seiner Frau wurde das Herz deswegen so schwer, dass sie eines Tages vor Kummer in den Brunnen sprang und ertrank. Der Bauer hatte nun nicht nur seinen eigenen Sohn, sondern auch seine geliebte Frau verloren und schwor Rache an dem Grafen.

In der Nacht machte er sich auf den Weg zur Burg und gelangte ungesehen durch das Burgtor. Mehrere Nächte schlich er durch das Gemäuer, auf der Suche nach dem Schlafgemach des Grafen.

Eines Nachts, es war Vollmond, hatte er es endlich gefunden. Er zog seinen Dolch aus dem Gürtel. Mit leisem Quietschen öffnete er die Tür und setzte einen Fuß hinein. In einem mit Samt behängten Himmelbett schnarchte der Graf im Licht des Mondes, der durch das Fenster schien. Mit erhobenem Dolch trat der Bauer ein ...

... und wurde von zwei Wachen überwältigt. Der dicke Graf kam mit dem Leben davon. Der arme Bauer jedoch wurde bereits am nächsten Tag am Galgen erhängt.

Der Geist des Bauern saß bis zum Tod des Grafen fortan jede Nacht neben seinem Bett. Bleich und dürr, mit großen Augen – so saß er da und ließ den Grafen keinen Schlaf finden. Die Burg steht schon lange nicht mehr. Doch seit dieser Zeit spukt es hier. Dort, wo das Bauernhaus stand, hört man in Vollmondnächten die Schritte des Bauern, der als Geist unruhig umherschleicht. Man sagt, dass er auch heute noch jedem, der hierherkommt, auf den Rücken springt und ihm seine kalten Hände fest um den Hals legt.

Schreib doch gleich deine eigene Gruselgeschichte oder denkt euch zusammen etwas aus. Die Geschichte könnte davon handeln, was mit dem Sohn des armen Bauern passierte ...

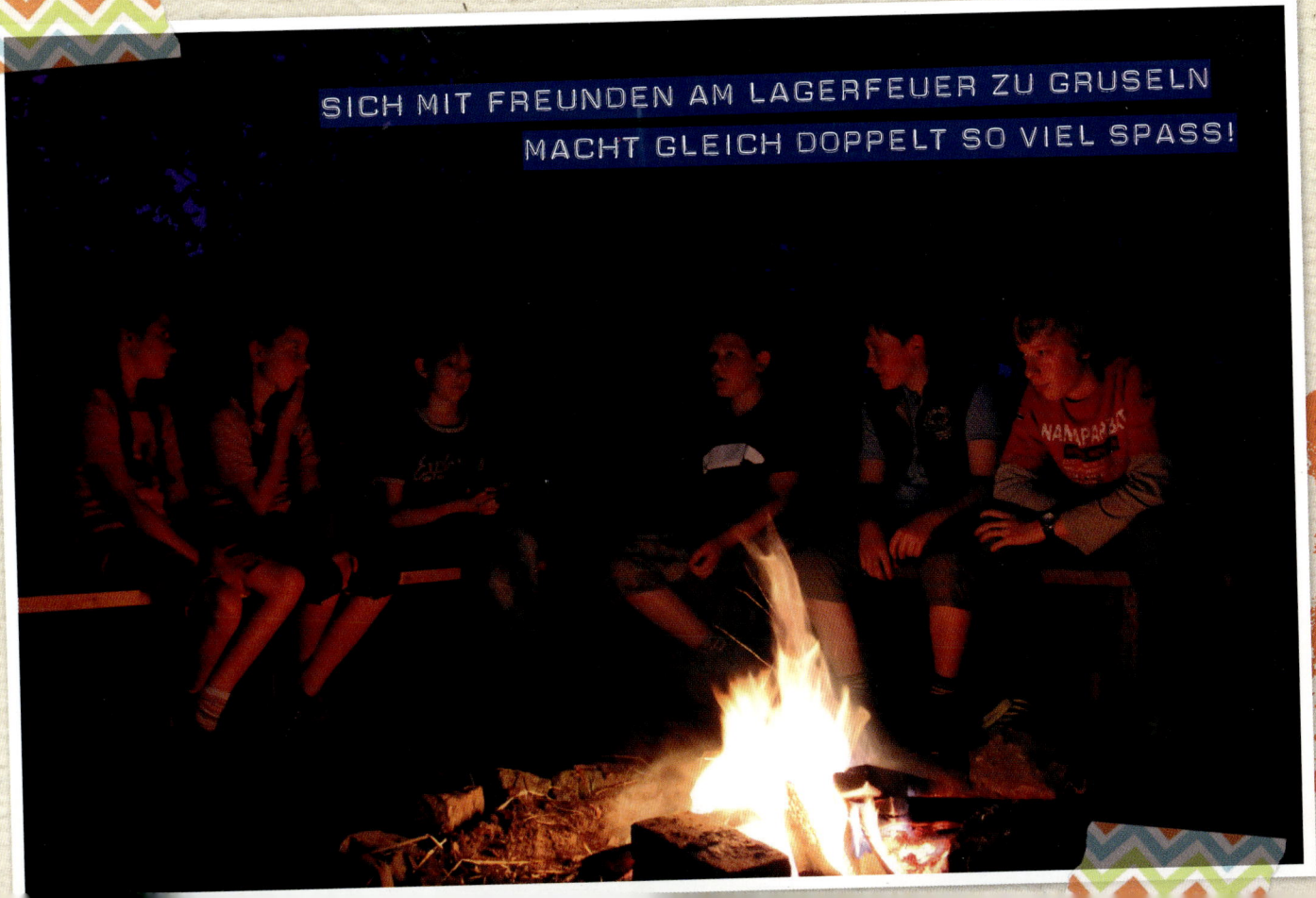

SICH MIT FREUNDEN AM LAGERFEUER ZU GRUSELN MACHT GLEICH DOPPELT SO VIEL SPASS!

BEOBACHTE TIERE IN DER NACHT

Tiere, die in der Nacht unterwegs sind, haben ein besonders gutes Sehvermögen. Auch ihr Hörsinn ist viel besser ausgeprägt als der von uns Menschen. Da auch du nachts kaum noch etwas sehen kannst, musst du dich bei deinen Beobachtungen auf dein Gehör verlassen – und auf deine Taschenlampe.

Bestimmt läuft dir irgendwo eine **Hauskatze** über den Weg. Sie wird nachts richtig munter und geht jagen. Katzen können sich fast lautlos an ihre Beute anschleichen, die sie wegen ihres besonderen Sehvermögens sogar nachts gut sehen können. Regungslos beobachtet die Katze eine Maus, bis sie zum Beutesprung ansetzt, um sie zu packen.

HAUSKATZEN

KATZE IM BEUTESPRUNG

SCHLEIEREULE

Eulen üben schon immer eine große Faszination auf den Menschen aus. Der Ruf des männlichen Waldkauzes — „huhuhuhuuuuu" — bereitet uns eine Gänsehaut und wird gern in Gruselfilmen eingesetzt. Das Rufen der Eulen hört man hauptsächlich in der Paarungszeit. Ansonsten sind Eulen sehr leise. Durch ihr besonders weiches und lockeres Gefieder fliegen sie auf der Suche nach Beute fast lautlos durch die Nacht. Oft sitzen sie auch starr auf einem Baum und suchen von dort die Umgebung nach Beutetieren ab. Eulen haben außerdem ein sehr gutes Gehör und können nachts hervorragend sehen.

Der Waldkauz ist die häufigste Eulenart in Deutschland. Doch auch die Waldohreule und die Schleiereule sind weit verbreitet. Mit viel Glück siehst du einen Uhu, die größte aller Eulen. Der Uhu wurde in Deutschland lange Zeit stark gejagt, darum war er fast ausgerottet. Schutzprogramme haben zum Glück geholfen, den Uhu zu retten.

WALDOHREULE

UHU

Unseren Eulen fehlen heute häufig natürliche Brutmöglichkeiten. Du kannst helfen und sie selber bauen! Tipps und Hilfe bekommst du bei deinem Projekt von einer Naturschutzorganisation in deiner Nähe.

Auch **Fledermäuse** gehen nachts auf Nahrungssuche. Die Zwergfledermaus fliegt in wildem Zickzackflug durch die Luft und fängt dabei Nachtfalter und andere Insekten, von denen sie sich ernährt. Fledermäuse orientieren sich ganz anders als die meisten anderen nachtaktiven Tiere: Sie stoßen Ultraschallschreie aus, die wir Menschen nicht wahrnehmen können. Diese prallen von Gegenständen als Echo zurück. Die Fledermaus hört das Echo mit ihren großen Ohren und erkennt sogar die Entfernung zum Gegenstand. So findet sie selbst in völliger Dunkelheit Hindernisse, aber auch Insekten, ihre Nahrung.

FLEDERMAUS

Ein besonderer Tipp für Fledermausfreunde: Jedes Jahr findet am letzten Wochenende im August die sogenannte „Batnight", also Fledermausnacht statt. Da organisieren viele Naturschutzorganisationen überall in Europa spannende Aktionen rund um die Fledermaus. Erkundige dich zum Beispiel beim NABU (Naturschutzbund Deutschland) oder anderen Naturschutzverbänden in deiner Nähe.

SPIEL **Fledermaus und Motte**
(nach Cornell)

Etwa acht Spieler bilden als Bäume einen Kreis. In diesem Kreis „fliegen" drei bis fünf Mitspieler als Motten herum. Ein weiterer Mitspieler bekommt die Augen verbunden und bewegt sich als Fledermaus auf Beutesuche durch den Kreis. Die Fledermaus sendet nun ihre Schreie aus, um die Beute zu finden: Sie ruft „Fledermaus", die Motten antworten mit „Motte". Die Fledermaus versucht nun, eine Motte zu fangen. Gerät sie zu nah an einen Baum, sagt dieser „Baum" und verhindert so einen Zusammenstoß. Hat die Fledermaus eine Motte gefangen, reiht sie sich als Baum im Kreis ein, die gefangene Motte wird zur Fledermaus und ein Baum rückt als Motte nach.

Der **Dachs** gehört zur Familie der Marder. Er ist sehr scheu, darum ist es nicht ganz einfach, ihn zu finden und zu beobachten. Im Wald baut er sich unterirdische Kammern, die miteinander verbunden sind. Manchmal zieht in diesen Dachsbau sogar ein Fuchs ein.

DACHS

Seit einigen Jahrzehnten gibt es bei uns **Waschbären**. Sie wurden aus ihrer Heimat Nordamerika nach Europa gebracht. Ausgesetzte Tiere haben sich hier einen neuen Lebensraum geschaffen. Es sind auch einige darunter, die aus ihren Gehegen geflohen sind. Waschbären sind sehr anpassungsfähig und leben teilweise sogar in der Nähe von Wohnsiedlungen.

WASCHBÄR

Frösche, **Kröten** und **Lurche** sind eher nachtaktiv, weil sie dann weniger Fressfeinde haben. Außerdem sind sie in der kühlen und feuchten Nachtluft besser vor dem Austrocknen geschützt.

FROSCH

Viele **SPINNENARTEN** siehst du hauptsächlich, wenn es dunkel geworden ist.

Im Mai kannst du **MAIKÄFER** entdecken. Schau mal in der Nähe von Straßenlaternen, dort findest du die großen Krabbeltiere besonders häufig.

Brennt im Sommer bei geöffnetem Fenster Licht in deinem Zimmer, bekommst du sicherlich Besuch von **NACHTFALTERN** und **MÜCKEN**.

In lauen Sommernächten begleitet dich das Zirpen der **GRILLEN** durch die Nacht. Es sind aber nur die männlichen Tiere, die durch das Aneinanderreiben ihrer Flügel Weibchen anlocken.

GLÜHWÜRMCHEN

„Was liegt denn da für eine kleine Lampe im Gras?" Das denken viele, die zum ersten Mal ein Glühwürmchen in der Natur finden. Ein kleiner grün leuchtender Punkt, der fast aussieht wie eine LED. In manchen Gegenden gibt es so viele – im Gebüsch sitzende oder sogar umherfliegende – Glühwürmchen, dass es dort aussieht wie in einem Zauberwald!

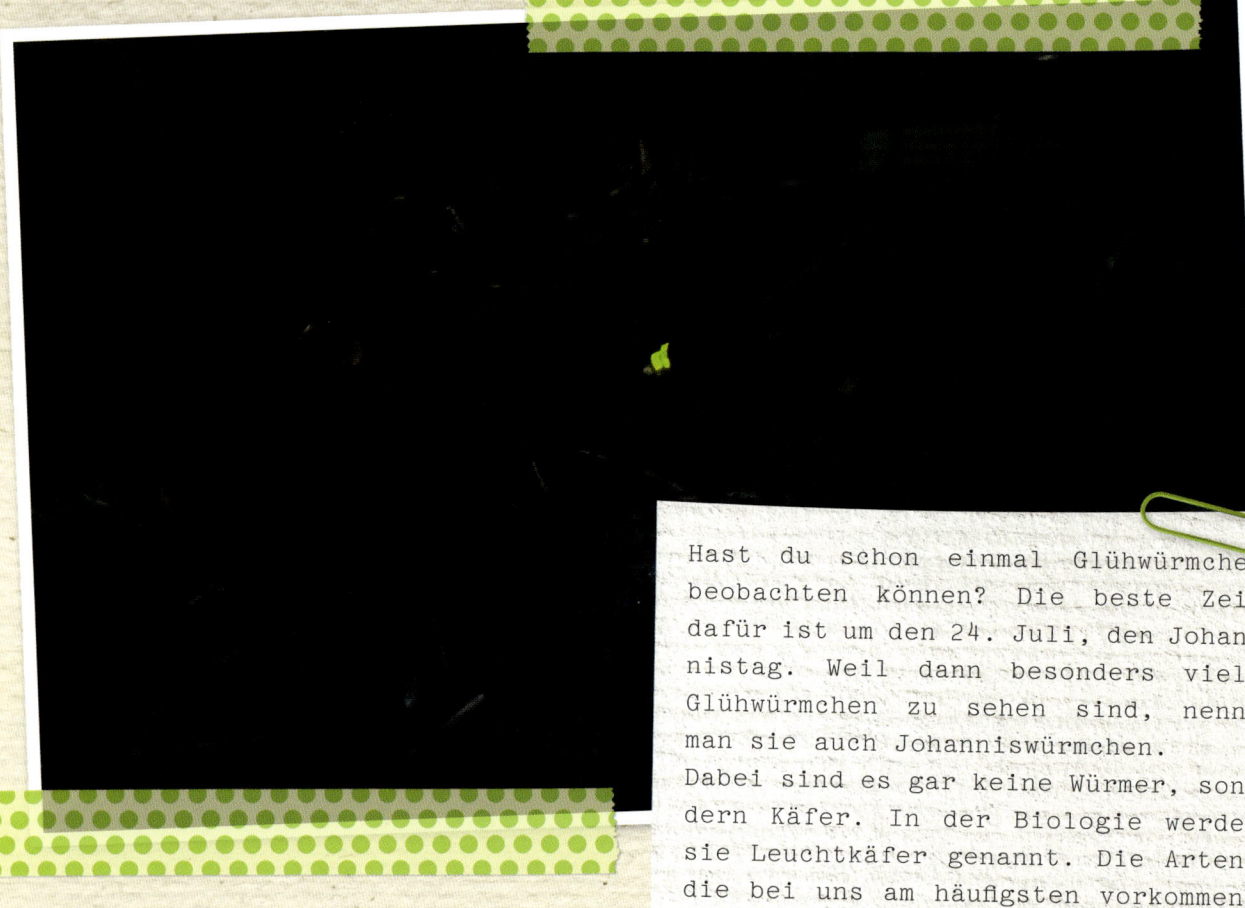

Hast du schon einmal Glühwürmchen beobachten können? Die beste Zeit dafür ist um den 24. Juli, den Johannistag. Weil dann besonders viele Glühwürmchen zu sehen sind, nennt man sie auch Johanniswürmchen. Dabei sind es gar keine Würmer, sondern Käfer. In der Biologie werden sie Leuchtkäfer genannt. Die Arten, die bei uns am häufigsten vorkommen, sind der „Kleine Leuchtkäfer" und der „Große Leuchtkäfer". Die Weibchen haben keine Flügel und sehen ein wenig aus wie Würmer, woher sie auch ihren Namen Glühwürmchen haben.

Leuchtkäfer leben meistens an Waldrändern in feuchten Wiesen, wo viele Schnecken vorkommen, denn das ist die Nahrung der Larven, der Leuchtkäferkinder.

Glühwürmchen erzeugen durch eine chemische Reaktion in ihren Leuchtzellen Energie, die als Licht abgegeben wird, ein bisschen so wie bei einem Knicklicht. Leuchtkäfer können diese Reaktion sogar steuern, ihr Licht also selber an- oder ausschalten.

Weibchen des Großen Leuchtkäfers

GROSSER LEUCHTKÄFER

Die Weibchen sind graubraun, 1,5 bis 2 cm groß und haben keine Flügel. Sie sitzen im Gras und leuchten, um ein Männchen anzulocken.

Die Männchen bekommt man so gut wie nie zu Gesicht. Es sind etwa 1 cm lange, braune Käfer, die nicht leuchten können.

KLEINER LEUCHTKÄFER

Weibchen des Kleinen Leuchtkäfers haben kleine Stummelflügel, sind hellgelb und nur etwa 1 cm groß. Auch sie sitzen im Gras und locken mit ihrem Licht Männchen an.

Bei den kleinen Leuchtkäfern leuchten auch die Männchen, und das sogar im Flug! Sie sind knapp 1 cm groß und haben eine bräunliche Körperfarbe.

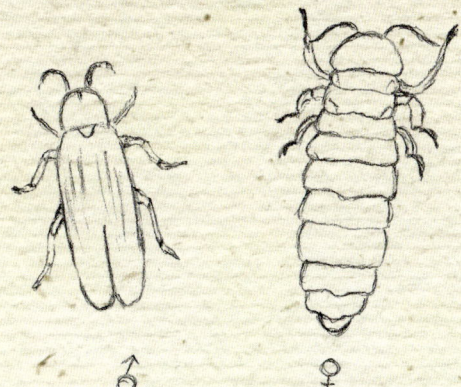

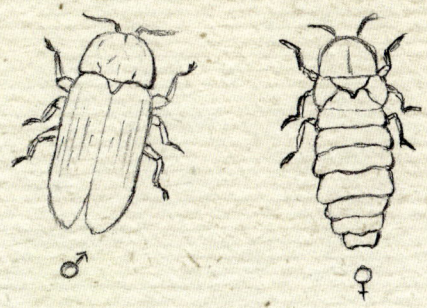

BAU EINER GLÜHWÜRMCHENFALLE

Um ein Leuchtkäfermännchen beobachten zu können, kannst du dir ganz einfach eine Glühwürmchenfalle bauen.

Du brauchst:
- 1 große PET-Flasche
- 1 kleines grünes Knicklicht
- schwarzes Klebeband
- Cutter

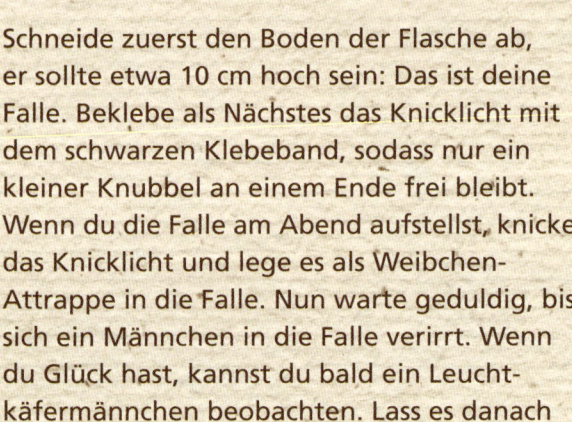

Schneide zuerst den Boden der Flasche ab, er sollte etwa 10 cm hoch sein: Das ist deine Falle. Beklebe als Nächstes das Knicklicht mit dem schwarzen Klebeband, sodass nur ein kleiner Knubbel an einem Ende frei bleibt. Wenn du die Falle am Abend aufstellst, knicke das Knicklicht und lege es als Weibchen-Attrappe in die Falle. Nun warte geduldig, bis sich ein Männchen in die Falle verirrt. Wenn du Glück hast, kannst du bald ein Leucht-käfermännchen beobachten. Lass es danach wieder dort frei, wo du es gefangen hast.

LEUCHTENDES GLÜHWÜRMCHENGLAS

Wo du wohnst, gibt es gar keine Glühwürm-chen? Dann bastel dir doch einfach ein Glüh-würmchenglas. Das kannst du abends neben dein Bett stellen und es sieht aus, als würden Hunderte Glühwürmchen darin herumfliegen!

Du brauchst:
- 1 leeres Schraubglas
- nachleuchtende Farbe
- Pinsel

Tupfe mit dem Pinsel viele dicke Punkte Leuchtfarbe innen auf den Boden und die Seiten des Glases. Sie dürfen ruhig unter-schiedlich groß sein. Lass die Farbe trocknen. Tupfe danach auf alle Punkte noch einmal etwas Farbe. Nach dem Trocknen kannst du den Deckel wieder draufschrauben, das ist nun der Boden. Bevor du ins Bett gehst, lädst du dein Glühwürmchenglas etwa zehn Minuten unter einer hellen Lampe auf, und schon begleiten dich unzählige Glühwürm-chen in den Schlaf!

Wer versteckt das Glühwürmchen?

Anzahl der Spieler: mindestens sechs

Du brauchst einen leuchtenden Gegenstand als „Glühwürmchen". Dafür kannst du zum Beispiel eine dicke Holzkugel mit Nachleuchtfarbe anmalen oder aus nachleuchtender, ofenhärtender Modelliermasse eine Kugel formen.
Die Glühwürmchenverstecker bilden einen Kreis. Ein Mitspieler stellt sich außerhalb des Kreises auf, er ist der Glühwürmchenforscher. Die Verstecker geben das Glühwürmchen vorsichtig hinter ihren Rücken weiter, ohne dass der Glühwürmchenforscher es entdeckt. Der Forscher darf um die Verstecker herumlaufen und das Glühwürmchen suchen. Vermutet er das Glühwürmchen bei einem Mitspieler, tippt er diesen am Rücken an und sagt: „Leuchte, Glühwürmchen!" Öffnet dieser Mitspieler seine Hand und es leuchtet darin das Glühwürmchen, ist er in der neuen Runde der Forscher. Hat der Forscher falsch geraten, geben die Verstecker das Glühwürmchen weiter, bis er es gefunden hat. Ein Tipp: Spannender und lustiger wird das Spiel, wenn das Glühwürmchen zwischendurch die Richtung wechselt oder nach und nach bis zu fünf Glühwürmchen ihre Runden drehen.

MAGISCHE MONDNÄCHTE

Rund um das Datum des Vollmondes sind die Nächte sehr hell. Wie wäre es also mit einer Vollmondwanderung ganz ohne Taschenlampe? Alles ist in ein blaues Licht getaucht und die Natur wirkt nun besonders geheimnisvoll.

In diesen hellen Nächten entdeckst du sicherlich Tierarten, denen du sonst eher in der Dämmerung begegnest. Vielleicht beobachtest du sogar Kraniche oder Wildgänse am Himmel. Sie nutzen die Helligkeit des Vollmondes, um im Frühjahr ihren langen Weg Richtung Norden oder im Herbst ihren Weg in den Süden zurückzulegen. Am Nachthimmel zeichnet sich ihre Flugformation als dunkler Schemen ab und zwischendurch ertönt ihr Rufen zur Orientierung.

Ist gerade zunehmender oder abnehmender Mond?

So kannst du's dir merken: Der abnehmende Mond ist wie ein kleines Schreibschrift-a geformt, der zunehmende genau andersherum – so wie ein geschwungenes z.

abnehmend
zunehmend

Wieso wir den Mond manchmal am Tag sehen

Schau dir die Mondphasen auf der Zeichnung rechts an. Daran erkennst du, dass der Neumond am Taghimmel steht. Die von der Sonne beschienene Rückseite des Mondes ist hell, auf der Tagseite der Erde sieht man nur die dunkle Seite. Die zunehmende und die abnehmende Mondsichel stehen nah an der Position des Neumondes, weshalb wir sie auch am Tag sehen können. Den Vollmond sehen wir hingegen nur in der Nacht.

Vergiss das Fernglas nicht!
Damit kannst du die beeindruckende Landschaft aus Kratern und Meeren auf der Mondoberfläche viel besser erkennen als mit bloßem Auge.

Auch wenn der Mond noch so hell scheint — er leuchtet nicht selbst, sondern reflektiert das Licht der Sonne. Je nachdem, wie Mond, Erde und Sonne zueinander stehen, siehst du den ganzen Mond (bei Vollmond), nur einen Teil des Mondes (bei zu- und abnehmendem Mond) oder auch keinen Mond (bei Neumond). Das wechselnde Aussehen des Mondes nennt man „Mondphasen".

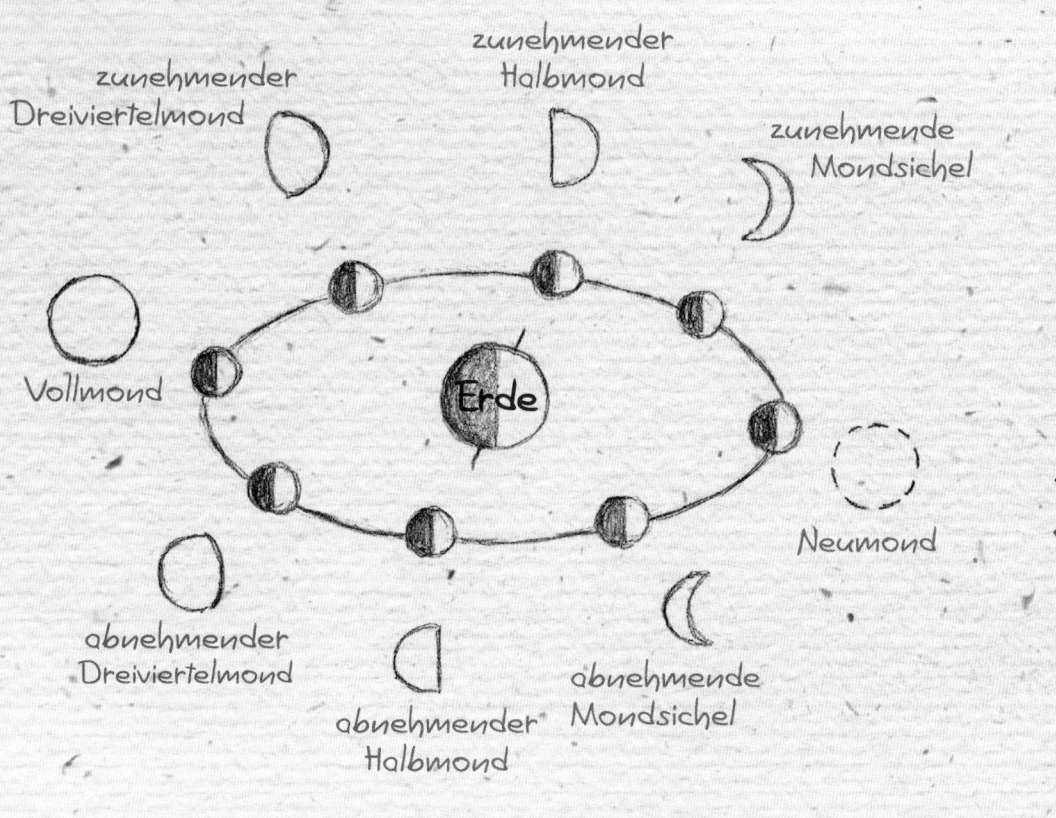

zunehmender Dreiviertelmond

zunehmender Halbmond

zunehmende Mondsichel

Vollmond

Erde

Neumond

abnehmender Dreiviertelmond

abnehmender Halbmond

abnehmende Mondsichel

SONNENSTRAHLEN

LERNE STERNE UND STERNBILDER KENNEN

Großer Wagen, Kleiner Bär, Orion – bestimmt hast du schon mal von einem dieser Sternbilder gehört. Oft wird auch vom Polarstern oder Nordstern gesprochen. Du hast keine Ahnung, wovon die Rede ist? Kein Problem, mit ein wenig Übung erkennst auch du bald funkelnde Sternbilder am Himmel.

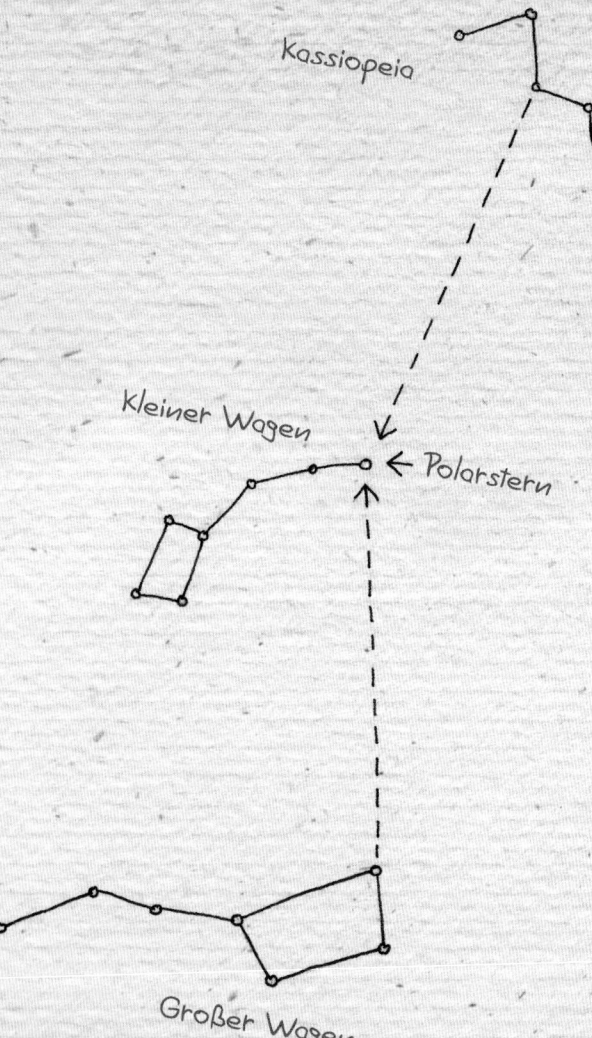

Tipps und Vorbereitungen

- **Wetter:** Eine Sternbeobachtung führst du am besten bei gutem Wetter durch, es sollte nicht bewölkt sein. Beachte also den Wetterbericht.
- **Licht:** In der Stadt ist man umgeben von vielen künstlichen Lichtquellen, die die Sicht auf die Sterne stören. Je weniger Licht in deiner Umgebung brennt, umso besser kannst du Sterne beobachten. Darum wähle als Sternforscherbasis möglichst einen Ort weit entfernt von Häusern, Straßenlaternen und Autos.
- **Infos:** Bevor du rausgehst, musst du wissen, wonach du am Himmel suchst. Im Buchhandel gibt es drehbare Sternenkarten, die dir helfen, dich jede Nacht neu am Himmel zu orientieren. Im Internet findest du Sternkarten des heutigen Tages.
- **Nicht zu viel auf einmal:** Nimm dir für jede Beobachtung nur ein neues Sternbild oder einen speziellen Stern vor. Präge dir die Form genau ein und merk dir Größe und Abstand zu anderen Sternen. Bald kennst du dich richtig gut am Nachthimmel aus!

ERKENNST DU HIER DEN GROSSEN WAGEN?

JETZT BIST DU DRAN!

Das bekannteste Sternbild ist der **Große Wagen**. Er ist das ganze Jahr über sichtbar, genau wie der **Kleine Wagen**, der auch der **Kleine Bär** genannt wird. Zu ihm gelangst du, indem du den hinteren Teil des **Großen Wagens** fünfmal verlängerst. Dort findest du den Polarstern, der immer im Norden steht. Dieser bildet das Ende der Wagendeichsel des **Kleinen Wagens**.

Nun kennst du schon zwei Sternbilder und mit dem Polarstern den wichtigsten Stern des nördlichen Sternenhimmels. Ganz in der Nähe und auch zu jeder Jahreszeit sichtbar ist das Sternbild **Kassiopeia**. Wegen seiner Form wird es auch Himmels-W genannt. Beobachte doch mal, wie sich der **Kleine** und der **Große Wagen** und **Kassiopeia** im Lauf der Nacht um den Nordstern bewegen!

43

Wünsch dir was!

Hast du schon mal eine Sternschnuppe gesehen? Vielleicht hast du dir dabei etwas gewünscht. Ganz egal, ob dein Wunsch in Erfüllung geht, so eine Beobachtung ist immer ganz besonders! Eine Sternschnuppe entsteht, wenn Staubpartikel, Steine oder Gesteinsbrocken aus dem Weltall mit hoher Geschwindigkeit auf die Erdatmosphäre treffen. Dabei werden die Teile so heiß, dass sie verglühen und als Sternschnuppe zu sehen sind. Experten nennen Sternschnuppen Meteore. Verglüht ein Meteor nicht komplett und landet als Stein auf der Erde, wird er Meteorit genannt.

Zu manchen Zeiten im Jahr gibt es übrigens besonders viele Sternschnuppen, das ist zum Beispiel im August und im November der Fall. Das liegt daran, dass die Erde dann durch eine Art „Staubspur" fliegt, die ein großer Komet hinterlassen hat. Lade dir also im warmen August unbedingt ein paar Freunde zur Sternschnuppennacht ein!

DU WILLST MEHR?

Der Große Wagen ist Teil eines anderen Stern-bildes, des Großen Bären. Findest du ihn? Unser Sternenhimmel sieht zu jeder Jahres-zeit anders aus. Es gibt Sternbilder, die immer zu sehen sind, andere siehst du nur zu bestimmten Jahreszeiten. Halte im Winter unbedingt Ausschau nach Orion, der, begleitet vom Großen Hund, gegen einen Stier kämpft. Entdeckst du diese drei Sternbilder? Außerdem sehen wir auf der Nordhalbkugel andere Sterne als die Menschen südlich des Äquators. Bei einem Urlaub in einem Land auf der südlichen Erdhalbkugel kannst du ganz neue Sternbilder erforschen!

Das ist das Sternbild Orion

LEUCHTENDE STERNBILDERKARTEI

Du brauchst:
- dunkelblauen Karton (A6)
- weißen Gelstift
- Lineal
- nachleuchtende Bastelfarbe
- Pinsel

1 Drucke dir einzelne Sternbilder aus dem Internet in der Größe DIN A6 aus. Übertrage die Position der einzelnen Sterne mit weißem Gelstift auf ein Stück dunkelblauen Karton. Verbinde die Sterne mithilfe eines Lineals und male für die Sterne etwas dickere Punkte.

2 Die Sternenpunkte bemalst du nun mit Leuchtfarbe. Ist die Farbe getrocknet, kannst du sie unter einer Lampe aufladen, um dann in der Dunkelheit dein Sternbild zu betrachten.

3 Schreibe alle wichtigen Merkmale des Sternbildes auf die Rückseite. So kannst du dir immer wieder eine neue Karte basteln, um mit ihrer Hilfe ein neues Sternbild am Himmel zu finden. Deine Sammlung kannst du auch prima in deinem Zimmer an die Wand hängen!

EINE NACHT UNTER FREIEM HIMMEL

Zugegeben, es gehört schon eine Portion Mut dazu, eine ganze Nacht draußen zu schlafen, ganz ohne Dach über dem Kopf. Gefährlich ist es aber nicht. Und wenn du dich traust, wirst du mit einem unvergesslichen Erlebnis belohnt! Ist es nicht herrlich, mit freiem Blick auf die Sterne einzuschlafen?

Es gibt ganz unterschiedliche Möglichkeiten, wie du dir ein Nachtlager unter freiem Himmel errichten kannst. Unsere drei Lieblingslager stellen wir dir hier vor. Dafür benötigst du Isomatten, warme Decken und einen Schlafsack. Denn auch in Sommernächten wird es nachts oft ganz schön kalt. Richtig gemütlich wird es mit einem kleinen Kissen.

DAS HÄNGEMATTENLAGER

Zwei dicke, warme Decken breitet Jaan in der Hängematte aus, die er vorher zwischen zwei Bäumen aufgehängt hat. Die Bäume müssen natürlich stabil genug sein, dass sie sein Gewicht tragen können. Die Blätter der Baumkronen bieten ein wenig Schutz von oben. Trotzdem kann Jaan den Himmel sehen, wenn er gemütlich mit Schlafsack in der Hängematte baumelt.

DAS PLANSCHBECKENLAGER

Lotta, Merle und Katharina wählen für ihr Lager die Deluxe-Version – die superweiche Kissenburg im Planschbecken! Damit sie höher liegen können, legen sie zuerst eine alte Matratze und eine aufgepustete Luftmatratze hinein. Die Seiten stopfen sie mit Kissen aus. Darauf verteilen sie eine Lage Kissen, auf der sie dann ein paar Decken ausbreiten, so wird die Fläche schön glatt. Schon können sie in ihre Schlafsäcke schlüpfen und sich zusammen ins Planschbecken kuscheln!

DAS ISOMATTENLAGER

Felix, Christian und Daniel richten sich mit wenig Aufwand ein Lager auf der Erde ein. Dafür legen sie ihre Isomatten so auf den Boden, dass sie etwas übereinanderliegen. Darauf breiten sie dicke Wolldecken aus. Echte Wolle wärmt sogar noch, wenn sie feucht wird – genau das Richtige für diese Aktion! Nun fehlen nur noch die Schlafsäcke und Kissen. Nach einem langen, abenteuerlichen Tag ist es hier richtig kuschelig!

Morgentau

Bestimmt fragst du dich, warum am Morgen alles um dich herum nass ist. Dein Schlafsack, deine Schuhe, das Gras – hat es in der Nacht etwa geregnet? Nein, diese Feuchtigkeit entsteht so: In der Luft ist immer etwas Wasser enthalten. Ist es tagsüber warm, ist das Wasser gasförmig wie die Luft selbst. Doch in der Nacht kühlt die Luft ab, dabei wird das Wasser wieder flüssig – Experten nennen das kondensieren. Dann setzen sich die winzigen Wassertröpfchen auf der Erdoberfläche, auf Schlafsack, Schuhen und Gras ab. Dort bilden sie immer größere Tropfen, die Tau genannt werden. Manchmal bleiben sie aber auch in der Luft hängen – dann ist es neblig! Im Winter kann der Tau gefrieren und wird dann Raureif genannt.

BAUKASTEN
FÜR EINE UNVERGESSLICHE NACHTWANDERUNG

Ob du eine richtige Gruselwanderung unternehmen willst, eine Schatzsuche im Dunkeln organisierst oder einfach einen aufregenden Spaziergang durch den nächtlichen Wald planst: Aus diesen Ideen kannst du dir deine Lieblingsbausteine für den Weg und die Gruseleffekte aussuchen und dir so deine ganz eigene Nachtwanderung zusammenstellen.

Auf dem richtigen Weg

Überlege zuerst, wo die Nachtwanderung stattfinden soll. Im Wald und auf abgelegenen Feldwegen ist es natürlich besonders spannend. Du wohnst in der Stadt? Bestimmt gibt es in der Nähe einen Park. Aber selbst in deiner Wohnsiedlung kann es im Dunkeln richtig spannend werden. Egal, wo die Wanderung stattfindet – du musst dich dort super auskennen und das Abenteuer für deine Freunde gut vorbereiten. Es gibt unterschiedliche Möglichkeiten, deine Freunde auf den richtigen Weg zu lotsen.

SCHNITZELJAGD IM DUNKELN

Mit einer Karte

- Kopiere eine Wanderkarte, auf der man den Weg deiner Nachtwanderung gut erkennen kann, oder drucke eine passende Karte aus dem Internet aus. Darin kannst du mit Filzstift Wege und Stationen markieren.
- Gestalte selber eine Karte. Zeichne die Wege möglichst genau und male wichtige Punkte dazu: auffällige Bäume, Weggabelungen, Bänke, eine Wiese – all das wird den Wanderern helfen, sich zurechtzufinden.
- Beschreibe den Weg mit Worten. Dafür musst du den Weg genau abschreiten, damit du die Anzahl der Schritte, ungefähre Weglängen und auffällige Gegenstände am Weg benennen kannst. Zum Beispiel so: „Geht von hier 50 Schritte bis zur großen Eiche. Wendet euch dort nach links und geht 30 Schritte bis zum dicken Findling. Dort findet ihr den nächsten Hinweis."

TIPP

Du kannst mehrere Karten für einen Weg anfertigen und vorher verstecken. Deine Freunde müssen dann immer erst die nächste Karte in der Nähe der gerade gefundenen Stationen suchen, bevor sie weitermarschieren können.

Teile deine Freunde in zwei Gruppen ein. Eine Gruppe bekommt etwa 20 Minuten Vorsprung und markiert den Weg für die Verfolgergruppe. Diese versucht nun, die erste Gruppe zu finden oder sogar einzuholen. Um die Verfolger zu täuschen, kannst du auch falsche Fährten legen.

Ohne Karte

- Bring leuchtende Markierungen am Wegrand an. Dafür eignen sich zum Beispiel Knicklichter, Teelichter in leeren Marmeladegläsern oder Leuchtsterne. Du kannst auch Steine mit mehreren Schichten Leuchtfarbe bemalen und als Wegmarkierung nutzen.
- Kennzeichne den Weg mit reflektierender Klebefolie in unterschiedlichen Farben. Die Nachtwanderer sehen die Zeichen erst, wenn sie mit der Taschenlampe angestrahlt werden. Natürlich müssen die Teilnehmer vorher wissen, was sie bei der jeweiligen Farbe tun müssen: Blau bedeutet „geradeaus gehen", Gelb heißt „links abbiegen", bei Silber soll man „rechts abbiegen", Rot steht für eine Station. Hast du nur eine Farbe der Folie, schneide unterschiedliche Formen (z. B. Pfeil, Dreieck, Quadrat, Kreis).
- Knipse am Tag Fotos von wichtigen Wegpunkten, also von jeder Abbiegung, von auffälligen Bäumen und Büschen, von Bänken, Papierkörben, Straßenschildern oder Gebäuden. Drucke die Fotos aus und schreibe Zahlen in der richtigen Reihenfolge auf die Rückseite. Deine Freunde müssen nun im Dunkeln die Wegpunkte wiederfinden, die du am Tag fotografiert hast.
- Spann einen Wollfaden abseits von Wanderwegen von Baum zu Baum durch den Wald. Lass den Faden zwischendurch enden und beginne einige Meter entfernt einen neuen Faden. Es ist gar nicht so einfach, im Dunkeln durch das Unterholz zu gehen. Der Letzte wickelt den Faden wieder auf!

URALTE SCHATZKARTE

Gestalte mit wenig Aufwand eine Karte, die aussieht, als hätte sie schon einige Hundert Jahre in einem Versteck gelegen.

Du brauchst:
- Kopierpapier
- 2-3 Beutel schwarzen Tee
- Auflaufform
- heißes Wasser
- brennende Kerze
- Tintenschreiber in Blau oder Schwarz

1 Zerknittere einen Bogen Papier. Lege ihn mit den Teebeuteln in die Auflaufform (oder in ein anderes Gefäß, in das das Papier hineinpasst) und gieße das Wasser darüber. Während der Tee zieht, färbt sich das Papier leicht gelblich.

2 Lass das Papier gut abtropfen und lege es flach auf den Tisch. Wringe nun einen Teebeutel aus und reibe damit das ganze Papier ein. Es ist gar nicht schlimm, wenn Teekrümel auf dem Papier liegen bleiben, du kannst sie nach dem Trocknen einfach abreiben.

3 Den nächsten Schritt darfst du nur draußen an der frischen Luft machen: Halte die Ränder der Karte über die brennende Kerze und lass sie leicht ankokeln. Puste die Flammen schnell aus, bevor das ganze Papier verbrennt.

4 Schreibe die Wegbeschreibung mit blauer oder schwarzer Tinte auf die Karte, am besten mit einer schnörkeligen Schrift. Male noch ein oder zwei Tintenkleckse, und schon sieht deine Karte richtig alt aus!

Wie wäre es mal ganz ohne Licht? Lass bei der nächsten Wanderung die Taschenlampe einfach im Rucksack. Nach einer Weile gewöhnen sich die Augen an die Dunkelheit. Und du wirst merken, dass du nun viel mehr mit den Ohren wahrnimmst! Ihr könnt anstelle der Taschenlampe auch Fackeln mitnehmen. Das flackernde Licht des Feuers taucht die Umgebung in eine geheimnisvolle Stimmung.

GÄNSEHAUT GARANTIERT!

Deine Freunde und du mögen es gruselig?
Mit diesen Tipps wird deine Nachtwanderung ein richtiges Grusel-Abenteuer!

Gruseleffekte mit Helfer

- Ein Helfer geht möglichst lautlos einige Meter von der Gruppe entfernt durch den Wald. Zwischendurch raschelt er mit Laub, knackt mit Zweigen oder schlägt zwei Äste aneinander.
- Im Gebüsch wartet ein Helfer und spritzt vorbeikommende Nachtwanderer mit einer Wasserpistole nass. Genauso gruselig ist es, wenn er mit Laub wirft.
- Ein Helfer legt sich auf die Lauer und berührt einige deiner Freunde mit einem belaubten Zweig.
- Lass jemanden mitten im Wald auf einem Glockenspiel oder einer Flöte spielen.
- Spanne etwas abseits vom Weg eine Schnur und befestige ein Bettlaken daran. Ein Helfer bewegt dahinter eine Taschenlampe auf und ab. Besonders gruselig wird es so: Klebe an die Taschenlampe ein Stück Pappe, in das du vorher eine Fratze geschnitten hast. Nun bewegt sich ein Geist hinter dem Laken!

Gruseleffekte ohne Helfer

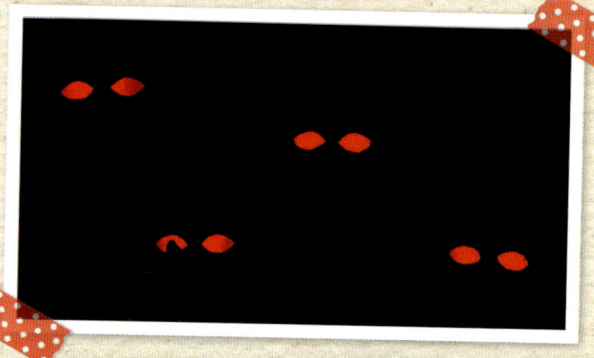

- Schneide Augen in Klopapierrollen und bemale die Außenseite schwarz. Befestige sie mit Klebeband an Stöcken und stecke sie dann so in die Erde, dass die Augen aus einem Busch herausschauen, an dem ihr vorbeikommt. Klebe kurz vor der Wanderung rote Knicklichter hinein.
- Nimm mithilfe eines MP3-Players gruselige Geräusche auf und spiele sie mit einem Lautsprecher ab, den du vorher im Wald deponiert hast.
- Sage zwischendurch etwas wie: „Da war was! Habt ihr das auch gehört?" oder „Iiih, mich hat gerade was am Arm berührt!" Und dann: „Da, schon wieder! Lasst uns besser etwas schneller gehen." So machst du deine Freunde richtig nervös! Das darfst du nur nicht zu oft machen.

TIPP

Am besten tragen die Helfer möglichst dunkle Kleidung und reiben sich etwas schwarze Theaterschminke ins Gesicht – so werden sie garantiert nicht enttarnt!

Am Ziel

Bereite deinen Freunden einen schönen Empfang, zum Beispiel mit einem Lagerfeuer, Würstchengrillen am Spieß oder einem heißen Kakao. Gestaltest du die Nachtwanderung als Schatzsuche, könnt ihr nun gemeinsam den Schatz heben!

FACKELN SELBER BAUEN

Fackeln kannst du mit deinen Freunden ganz leicht selber machen! Dafür sammelt ihr am besten schon vorher viele Kerzenreste.

pro Fackel brauchst du:
- geraden, trockenen Stock, etwa 70 cm lang und 3 cm dick
- 3 Streifen Baumwollstoff, etwa 15 cm breit und 50 cm lang
- Stück Karton, etwa 20 x 20 cm

außerdem:
- viele Kerzenreste
- Taschen- oder Schälmesser und Schneideunterlage
- leere Konservendosen
- großen Topf, etwa halb voll mit Wasser
- Wäsche- oder Vielzweckklammern
- Holzstab zum Umrühren
- Topflappen
- alte Zeitung
- Löffel
- Eimer mit Sand
- Schere und Cutter

JETZT BIST DU DRAN!

1 Schneide die Kerzenreste in möglichst kleine Stücke. Fülle die Wachsstückchen in die Konservendosen.

2 Erhitze das Wasser im Topf und stelle die Konservendosen mit dem Wachs hinein. Damit die Dosen nicht umkippen, klemme sie mit einer Klammer am Rand des Topfes fest. Warte, bis das Wachs komplett geschmolzen ist. Es geht etwas schneller, wenn du zwischendurch umrührst.

3 Decke deinen Arbeitsbereich großzügig mit Zeitungspapier ab. Nimm dann die Dosen mithilfe der Topflappen aus dem Wasser. Tauche den ersten Stoffstreifen in das flüssige Wachs und lass ihn sich vollsaugen. Ziehe den Streifen vorsichtig heraus und lass ihn etwas abtropfen. Jetzt wickelst du ihn von oben um den Holzstab. Am Ende des ersten Streifens wird der nächste angesetzt. So wickelst du alle drei Streifen gleichmäßig um den Stock, bis etwa die Hälfte umwickelt ist.

4 Halte die Fackel über die Wachsdose und schöpfe mit dem Löffel überall noch etwas Wachs darüber. Wenn du zufrieden bist, steck sie zum Trocknen in den Eimer Sand.

5 Als Letztes braucht deine Fackel noch einen Tropfschutz. Dafür schneidest du aus dem Karton einen etwa 15 cm großen Kreis aus. In die Mitte ritzt du mit dem Cutter ein Kreuz, etwa 2 x 2 cm groß. Dort kannst du den Griff der Fackel durchschieben, und schon ist deine Hand vor heißen Wachstropfen geschützt.

- Beachte unbedingt die Regeln für den Umgang mit Feuer auf Seite 13!
- Flüssiges Wachs ist sehr heiß, sei also vorsichtig! Stelle eine Schüssel kaltes Wasser bereit, für den Fall, dass du doch mal etwas Wachs abbekommst.
- Hebe Stockbrotstöcke an einem trockenen Ort auf, um daraus später Fackeln zu machen.

KLAPPT AUCH AM LAGERFEUER!

ZU ZWEIT IST ES EINFACHER UND MACHT MEHR SPASS!

COOLE SPIELE IN DER DUNKELHEIT

Mit leuchtenden Gegenständen kannst du prima Schmuggelspiele spielen. Benutze dafür zum Beispiel Bälle mit LED-Beleuchtung oder selbst gebastelte Leuchtflaschen. Dafür steckst du bunt leuchtende Knicklichter in kleine, mit Wasser gefüllte PET-Flaschen.

Wie funktioniert ein Knicklicht?

Knicklichter bestehen aus zwei Kapseln, die mit unterschiedlichen Chemikalien gefüllt sind. In der Flüssigkeit der äußeren Kunststoffkapsel schwimmt eine kleinere Kapsel aus Glas. Knickst du den Leuchtstab, zerbricht das Glasröhrchen im Inneren. Die Flüssigkeit läuft aus, die Chemikalien vermischen sich und reagieren miteinander: Dabei erzeugen sie Licht. Diesen Vorgang nennt man übrigens „Chemolumineszenz".

SPIEL

Alle an einem Seil

Zuerst werden Start und Ziel festgelegt. Alle Mitspieler fassen das Seil an. Der Vordermann bekommt eine Taschenlampe und leitet die Gruppe durch ein Waldstück. Er steigt über Baumstämme und Wurzeln hinweg, duckt sich unter tief hängenden Ästen hindurch. Alle Hindernisse sagt er seinen Hintermännern an. Am Ziel angekommen, wechselt der hinterste Spieler nach vorne und leitet die Gruppe zum Startpunkt zurück. Haben alle Mitspieler die Gruppe einmal durch den Waldparcours geführt, wird abgestimmt: Wer war der beste Gruppenführer?

Schmuggler in der Nacht

Vorbereitung

Am Tag wird ein geeignetes Gelände ausgesucht. Büsche und Bäume bieten den Schmugglern Schutz, um ihre Waren sicher schmuggeln zu können. Und die Zollbeamten können die Schmuggler unbemerkt beschatten. Markiert die Grenzen des Spielfeldes mit Absperrband. Der Spielleiter sucht mehrere Verstecke für die Schmuggelware, also die leuchtenden Gegenstände. Diese dürfen mit einem dunklen Tuch abgedeckt werden. Außerdem richtet der Spielleiter ein Schmuggellager ein, wo die heiße Ware abgegeben wird. Etwas abseits wird eine Zollstation mit Gefängnis errichtet.

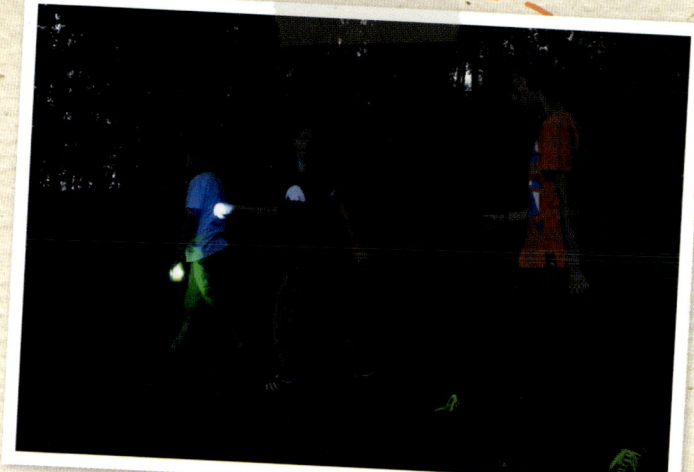

Anleitung

Der Spielleiter bestimmt zwei Zöllner. Diese beziehen ihre Posten in der Zollstation. Außerdem werden zwei Schmugglerbosse ausgewählt, denen der Spielleiter heimlich die Verstecke der heißen Ware und das Schmuggellager erklärt. Und nun kann's losgehen: Die zwei Schmugglerbosse müssen alle anderen Schmuggler einweihen. Zusammen schmuggeln sie nach und nach die gesamte Ware zu ihrem Lager. Die Zöllner bewegen sich gleichzeitig auf dem Spielgelände. Haben sie einen Spieler unter Verdacht, heiße Ware zu schmuggeln, sprechen sie ihn an. Hat der Schmuggler nichts dabei, darf er weitergehen. Liegen die Zöllner aber richtig, wird der Schmuggler ins Gefängnis der Zollstation gesteckt. Er darf nicht ausbrechen. Das Spiel ist zu Ende, wenn alle Leuchtgegenstände an der Endstation angekommen sind oder die Zöllner alle Schmuggler festgenommen haben.

Wichtige Spieltipps und Regeln

- Die Schmuggler dürfen sich miteinander absprechen, um ihre nächste Schmuggelaktion zu planen. Auch die Zöllner beraten sich zwischendurch miteinander.
- Es ist verboten, die Schmuggelware unter der Kleidung zu verstecken.
- Versucht doch mal, die Zöllner abzulenken oder zu täuschen!
- Nur der Spielleiter hat eine Taschenlampe.
- Für fünf Schmuggler sollte es einen Zollbeamten geben. Ab 15 Schmugglern ist ein dritter Zöllner sinnvoll.

Spiele mit deinen Freunden auch bekannte Spiele. In der Dunkelheit sind deine Lieblingsspiele noch aufregender! Katharina spielt nachts gerne **Verstecken** mit ihren Freunden. Christian findet **Fangen** im Dunkeln gut – jeder Läufer trägt eine reflektierende Sicherheitsweste und der Fänger hat eine Taschenlampe. Was möchtest du ausprobieren?

BEOBACHTE TIERE IN DER MORGENDÄMMERUNG

Wenn es in den frühen Morgenstunden zu dämmern beginnt, gibt es einen Schichtwechsel im Reich der Tiere. Die nachtaktiven Tiere ziehen sich in ihre Höhlen, Nester und Verstecke zurück, während Reh, Wildschwein, Fuchs und Co. die Zeit im Halblicht wieder zur Nahrungssuche nutzen. Nach und nach wachen immer mehr Tierarten auf. Mit dem ersten Dämmerlicht fängt auch der erste Vogel zu singen an und immer mehr stimmen in seinen Gesang ein. Um Tiere früh bei Tagesanbruch beobachten zu können, beziehe deinen Beobachtungsposten, bevor die Sonne aufgeht. Nimm dein Nachtforscherbuch mit und notiere darin alles, was du siehst.

Und wenn du die Nacht verschlafen hast …

Du bist während deiner Beobachtung eingeschlafen? Keine Panik! Auch am Morgen gibt es noch eine Menge zu entdecken. Die Tiere der Nacht haben viele Spuren hinterlassen, die du nun erforschen kannst!

Felix hat eine Eulenfeder unter einem hohen Baum gefunden. Den hat die Eule wahrscheinlich als Ansitz benutzt, also als Posten, von dem sie ihre Beute beobachtet hat.

Schleimspur

Auf Wegen siehst du eingetrocknete **Schleimspuren**. Schnecken legen ihre Wege häufig nachts zurück. Sie gleiten dabei auf einer Schleimspur, die am Tag zu schnell trocknen würde.

In hohem Gras, aber bestimmt auch am Rahmen deines Zimmerfensters, entdeckst du kunstvoll gewebte **Spinnennetze**. Viele Spinnenarten weben jede Nacht ein neues Netz.

Spinnennetz

Trittspuren

Trittspuren verraten dir, welche Tiere nachts unterwegs waren. Mit einem Bestimmungsbuch findest du es leicht heraus. Du wirst feststellen, dass viele Tiere regelrechte „Straßen" haben. An diesen Stellen sind Gräser platt getreten oder es laufen viele Spuren übereinander. Wenn es geschneit hat, wirst du besonders viele Spuren entdecken können!

Gewölle

Mit etwas Glück findest du unter einem Eulennest ein **Gewölle,** also einen Ballen aus Fell, Federn und Knochen, den die Eule ausgewürgt hat. Eulen können diese Teile ihrer Beute nicht verdauen und müssen sie ausspeien. Mit einer Pinzette kannst du das Gewölle vorsichtig auseinandernehmen. Vielleicht findest du darin das komplette Skelett einer Maus!

Wenn es in deiner Umgebung Wildschweine gibt, findest du ihre Spuren ganz sicher im Wald. Um Nahrung zu finden, durchwühlen sie den Waldboden nämlich mit ihren Rüsseln. So ein **zerwühlter Boden** ist also ein Zeichen, dass sich dort Wildschweine aufgehalten haben. Findest du in der Nähe größere matschige Stellen, handelt es sich wahrscheinlich um eine „Suhle". Hier wälzen sich die Wildschweine, das nennt man suhlen. Den getrockneten Matsch scheuern sie später an Bäumen ab. Such so einen **„Scheuerbaum"**: Du erkennst ihn daran, dass der Stamm unten voll mit Erdresten ist und Rindenstücke abgeschabt sind.

Scheuerbaum

zerwühlter Boden

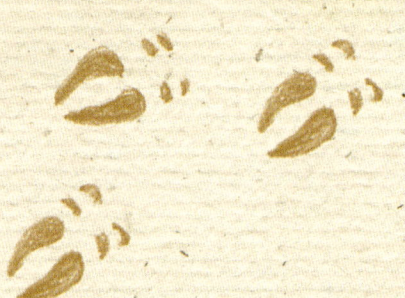

Wenn du durch den Wald gehst, findest du dort vielleicht sogenannte „Rehbetten". Rehe scharren sich mit den Vorderbeinen ein Lager, bevor sie sich zum Schlafen auf den Boden legen. Wo ein Reh geschlafen hat, ist der Waldboden in einer rundlichen Form von Ästen und Blättern befreit.

Rehbett

JETZT BIST DU DRAN!

Nimm einen Gipsabdruck einer Spur

Du hast einen besonders schönen Abdruck im Boden gefunden? Wenn du ihn mit Gips ausgießt, kannst du ihn mit nach Hause nehmen! Hefte dafür einen langen Papierstreifen (etwa 25 x 5 cm, je nach Umfang und Tiefe des Abdrucks) mit einer Büroklammer zu einem Ring zusammen. Drück diesen Ring etwas in den Boden um den Abdruck. Rühre Gips an (beachte die Anweisung auf der Packung) und gieße die Form damit aus. Lass den Gips aushärten und löse dann den Pappring. Vergiss nicht, die Rückseite mit Tierart, Fundort und Datum zu beschriften. So kannst du dir nach und nach eine Sammlung mit den Abdrücken der verschiedensten Tiere anlegen!

Talisman

Mit viel Glück findest du auf deinen Streifzügen im Herbst ein abgeworfenes Geweih, denn Hirsche und Rehböcke bekommen jedes Jahr ein neues. So ein Glücksfund ist ein prima Talisman! Säge dir eine etwa sieben Zentimeter lange Spitze vom Geweih ab und bohre ein Loch in das abgesägte Ende. Fädele ein Lederband hindurch. Wenn du magst, kannst du noch eine hübsche Perle dazunehmen. Verknote das Lederband, und schon hast du einen coolen Naturforscher-Glücksbringer!

Impressum

Text, Fotos und Illustration: © Katharina Rotter

Weitere Fotos: Seite 8, Astrid Springer; Seite 61, Marie-Theres Himstedt und fotolia-Fotos: Seite 20, © Pim Leijen (Fuchs); Seite 25, © nasared (Filmstreifen); Seite 34, © Joachim Neumann (Fledermaus); Seite 35, © byrdyak (Dachs), Seite 57, © stra74 (Schnecke); © jesiotr9 (Spinnennetz); © Stefan Körber (Trittspuren)

Lektorat: Anne Scheller

Redaktion: Kristin Neugebauer

Gesamtgestaltung und Satz: GrafikwerkFreiburg

Repro: Meyle + Müller, Pforzheim

Druck: Leo Paper

ISBN 978-3-8411-0175-4
Art.-Nr. VB110175

© 2014 Christophorus Verlag GmbH & Co. KG, Freiburg i. Br.
Alle Rechte vorbehalten

www.christophorus-verlag.de

Printed in China

Nicht für Kinder unter 36 Monaten geeignet

Bezugsquellen

Outdoorausrüstung für Kinder:
www.elkies.de und www.unterwegs.biz

Feuerschale für Kinder:
www.denk-keramik.de

Bastelmaterial, z. B.: Leuchtfarbe:
www.eckstein-kreativ.de

Links

Infos über Tierarten, Umweltschutzthemen und Naturgruppen gibt es beim Naturschutzbund Deutschland e.V.: www.nabu.de

Drehbare Sternenkarte:
www.sternfreunde-muenster.de

Das Spiel auf Seite 34 ist frei nach Cornell aus dem Buch:
Cornell, Joseph: Mit Cornell die Natur erleben: Naturerfahrungsspiele für Kinder und Jugendliche. Der Sammelband mit 5 neuen Spielen, Verlag an der Ruhr, Mülheim, 2006.

Danke!

Merle, Lotta, Katharina, Jaan, Christian, Felix und Daniel — euch danke ich für die tollen Fotos und eure Geduld bei den Fototerminen.
Hannes und Franziska — vielen Dank für eure Hilfe beim Fotografieren.

Dem Zoo Osnabrück danke ich für die Möglichkeit, Eulen und Waschbären zu fotografieren.
Einige Tiere habe ich im Wildfreigehege Nöttler Berg fotografiert.

Einige Firmen haben mir Material und Requisiten zur Verfügung gestellt. Für diese großzügigen Spenden möchte ich folgenden Unternehmen danken:
Denk Keramik für die schöne Kinderfeuerschale.
Unterwegs für ein großes Paket Outdoorausrüstung.
Tatonka für das tolle Tarp.
La Siesta für die super Reise-Hängematte.
Eckstein Kreativ für das Bastelmaterial.

KATHARINA ROTTER

Kathi wurde 1983 geboren und hat schnell angefangen, die Welt um sich herum bunter zu machen. Schon im Kindergarten probierte sie immer neue kunsthandwerkliche Techniken aus. Sie studierte Soziale Arbeit mit dem Schwerpunkt Kunst- und Werkpädagogik und Naturpädagogik. Bei ihrer Arbeit mit Kindern in Schule, offener Jugendarbeit und in Kreativworkshops probiert sie ihre zahlreichen Ideen aus. Kathi wohnt mit ihren Hunden und vier Hofkatzen im schönen Tecklenburger Land. Dort liegt sie im Sommer nachts in ihrer Hängematte, beobachtet Tiere und Sterne und denkt sich neue Bücher aus.

Mehr über Kathi erfahrt ihr unter:
www.kathipirati.de

oder auf Facebook unter:
https://www.facebook.com/KathiPirati